언박싱 라이프

청년 유품정리사들의 이야기

황상문·이정은 지음

샵북

프롤로그
나는 유품정리사다

 조심스레 들어선 집안, 달력은 작년 5월에서 멈춰 있다. 이미 형체를 알아보기 힘든 배달 음식물 위로 파리 떼가 득실거리고, 방 안은 쓰레기와 먼지로 가득하다. 이곳이 바로 내가 매일 발을 들이는 일터다. 나는 죽음이 남기고 간 공간을 정리하는 사람, '유품정리사'다.

 일본 영화감독 고레에다 히로카즈의 초기 작품 〈원더풀 라이프〉에는 이런 장면이 나온다. 죽은 사람들이 천국으로 가기 전, 자신의 삶을 비디오테이프로 돌려보고 가장 소중한 한 가지 기억을 골라 마지막으로 재연하는 장면이다. 유품정리는 매일 누군가의 기억이 담긴 비디오테이프를 돌려보는 일과 닮아 있다. 집을 정리하다 보면 물건마다, 공간마다 얽혀 있는 삶의 이야기를 간접적으로 마주하게 된다.

이 책은 내가 직장을 그만두고 유품정리사가 되기로 한 순간부터, 수많은 현장에서 만난 사람들 그리고 정리한 공간에 대한 지난 5년간 기록이다. 하지만 이 책의 진짜 주인공은 나 자신이 아니라, 이름 없는 누군가의 11권의 일기장, 돌아가신 뒤에야 발견된 수의, 그리고 수백 개의 빈 맥주병일지도 모른다.

유품정리사라는 직업을 드라마나 책을 통해 들어본 분들도 있을 것이다. 대표적으로 이제훈 주연의 넷플릭스 드라마 〈무브 투 헤븐〉이 있고, 국내외 유품정리사들의 에세이도 이미 여러 권 출간되었다. 〈유 퀴즈 온 더 블록〉 같은 유명 토크쇼에 유품정리사가 출연하면서 대중적인 인지도를 얻기도 했다. 나 또한 안동을 중심으로 활동하며 강연이나 지역 방송을 통해 내 직업과 일에 내해 이야기 해왔다.

사람들이 떠올리는 유품정리의 이미지는 대부분 극적이다. 고독사 현장이나 '쓰레기집'을 치우는 모습은 EBS 다큐멘터리나 〈그것이 알고 싶다〉 등의 방송을 통해 큰 반향을 일으켰다. 하지만 솔직히 말해, 지난 몇 년간 수백 건의 현장을 다니며 내가 마주한 순간들은 드라마처럼 숭고하거나, 댓글 속에서 보이는 것처럼 따뜻하기만 하지는 않았다.

체계적 제도가 뒷받침되지 않다 보니 전문성을 인정받기 어렵고, 누군가에게는 꺼려지는 '찝찝한 일'로 여겨지기도 했다. 특히 젊은 종사자가 드물어, 현장에 나서면 의뢰인들이 "이렇게 젊은 사람들이 해? 우리 아들뻘밖에 안 되는데."라며 걱정 섞인 눈빛을 보내는 경우도 많았다.

사실 우리의 업무 영역은 어디서 어디까지라고 단정할 수 없을 정도로 넓고 다양하다. 부모님의 집을 정리해달라는 의뢰가 많고, 오래된 가게의 폐업 현장, 불길이 휩쓸고 간 집, 오랜 세월 방치된 빈집처럼 일반 청소로는 감당하기 어려운 특수청소까지 다양한 상황을 마주한다. 어떤 날은 무거운 짐을 옮겨달라는 요청을 받기도 하는데, 그럴 때면 '해결사'에 더 가까운 역할을 하게 된다.

결국 단 한마디로 정의하기 어려운 직업이지만, 이 책에서는 가장 익숙한 이름인 '유품정리사'로 이야기를 풀어가려 한다.

　이 경험들을 기록하고자 한 이유는 우리 사회의 빠른 변화를 함께 나누고 싶었기 때문이다. 지금 우리나라 10가구 중 3가구가 1인 가구이고, 그 수는 이미 800만을 넘어섰다. 1인 가구의 증가는 고립과 은둔을 불러오고, 사회적 단절의 그림자는 점점 짙어지고 있다. 정부와 지자체에서 고독사 예방 정책을 내놓고, 우리 회사도 '주거환경 개선사업'에 참여하고 있지만, 도움을 필요로 하는 사람들은 여전히 늘어나고 있다. 청년의 극단적 선택 현장, 노인의 고독사 현장은 뉴스 속 이야기가 아니라 내가 직접 마주하는 생생한 현실이다.

　이 책에 담긴 이야기는 결코 유쾌하지 않다. 그러나 쓰레기를 치우고 먼지를 걷어낸 끝에 텅 빈 공간과 마주할 때마다 깨닫게 되는 것이 있다.

유품정리는 단순히 흔적을 지우는 일이 아니다. 누군가의 삶을 간접적으로 마주하며 내 삶을 돌아보게 하고, 나 자신을 존중하는 법과 주변을 다시 바라보는 시선을 일깨워준다. 결국 그것은 앞으로의 인생을 어떻게 채워나갈 것인지 배우는 과정이기도 하다. 내가 얻은 이 서툰 배움이, 같은 고민이나 외로움 속에 있는 이들에게 작은 위로가 되기를 바란다.

차례

프롤로그. 나는 유품정리사다   3

1 유품정리사가 된 청년들

나의 쓰레기집   13

공대남, 유품정리사가 되다   25

봉부장의 금장구두   35

의무기록사의 공황장애   43

버려질뻔한 이야기   51

2 우리가 만난 사람들

할머니가 가져가신 물건   63

1년에 한 번만 청소하는 여자   71

예상치 못한 상주   79

40년만의 퇴근   85

어르신 운전 중   93

낯선 이별, 땀 비엣(Tạm biệt)   101

3 떠난 이가 남기고 간 것

망자의 옷	111
물건과 대화하는 남자	119
된장, 고추장, 간장 그리고 '끝장'	127
주행거리 64km	137
맥주병의 바다	145

4 우리가 마주한 장면들

삼가조의	157
"당신들 자리 없어요"	165
잔인한 호기심	173
아홉 번의 시도	181
"이 정도면 뭐, 별거 아니죠?"	189
익숙해져서는 안 되는 일	199
불길 속에서 우리가 지켜낸 것들	207

에필로그. 우리는 무엇을 남기고 떠날까   216

1
유품정리사가 된 청년들

나의 쓰레기집

'정리'의 사전적 의미는 '흐트러진 것을 가지런히 바로잡는 것'이다. 정리의 대상은 치우지 못한 물건일 수도 있고, 혼란스러운 감정이나 기분, 혹은 업무가 될 수도 있다. 나는 유품정리사가 된 뒤 현장에서, 정리란 단순한 '치움'이 아니라 삶과 죽음, 관계와 기억까지 함께 감당하는 일임을 절감했다.

그러나 그 깨달음의 씨앗은 이 일을 시작하기 훨씬 전, 내 인생에서 가장 혹독했던 첫 번째 현장에서 비롯되었다. 나의 이야기는 뜨거운 태양이 작열하던 이국의 도시, 자카르타에서 시작된다.

대학 졸업 후 나는 인도네시아 주재원을 거쳐 한국문화원에 취직했다. 약 5년간 해외에서 근무하며 한국 문화를 알리는 국가행사 기획을 맡았다. 대형 기획사와 연락을 주고받고, 유명 아이돌 그룹이 출연하는 행사를 운영했다. 누군가에겐 부러움의 대상이 될 만한 직업이었다. 시간이 나면 발리로 훌쩍 여행을 떠났고, 외교관 못지않은 대우를 받으며 누구에게나 '인생 잘 풀렸다'는 소리를 듣던 시절을 보냈다.

그러나 화려한 겉모습과 달리 낯선 땅에서 매일 새로운 사람들을 상대해야 하는 긴장감에 시달렸고, 명절이니 휴가철에 몰려오는 혼자라는 외로움은 지독했다. '누구나 이렇게 살겠지'라며 스스로를 다독이고 맹목적인 성공만을 좇아가며 버텼다.

그날도 여느 때와 다르지 않았다. 책상 위에는 'K-POP 커버댄스 행사 기획안'이 놓여 있었고, 귀를 때리는 아이돌 음악을 들으며 어떤 팀을 선정할지 고민하고 있었다. 그때 울린 전화벨. 평소 잘 연락하지 않던 형이었다. '웬일이지?'하며 받은 전화기 너머로 형이 떨리는 목소리로 간신히 말을 내뱉었다.

"상문아, 어머니가… 암이시란다…"
순간 세상의 모든 소리가 꺼지고 요란하던 도시 풍경이 흑백으로 변하는 듯했다. 드라마 속에서나 나올 법한 비현실적인 상황이었다. 패닉에 빠진 나는 모든 것을 내려놓고 곧장 한국행 비행기에 몸을 실었다.

내 고향은 경상북도 안동시 태화동으로 뒤에는 야트막한 태화봉이, 앞으로는 낙동강이 흐르는 정겨운 동네이다. 대문을 열면 아담한 마당이 맞아주던 70년대 단독 한옥, 그곳이 우리 집이다. 몇 년 만에 마주한 고향 집은 내가 기억하던 모습과는 너무도 달라져 있었다.
내가 학업과 직장으로 떠나 있던 사이 부모님의 갈등은 깊어졌고, 이미 몇 년 전부터 별거 중이었다. 집은 두 분의 관계를 고스란히 드러내고 있었다. 어머니 손길로 늘

절반 쯤 정리했을 때의 고향집 상태

단정하던 마당은 정체 모를 농기계와 낡은 철제 구조물로 뒤엉켜 있었고, 집 안은 폐가전과 쓰레기로 가득 차 발 디딜 틈조차 없었다. 아버지는 신발을 신고 집 안을 드나드는 지경이었다. 유튜브 다큐멘터리에서만 보던 '쓰레기집'이 내 눈앞에 펼쳐져 있었다.

도저히 사람이 살 수 없는 상태에 급히 청소업체를 알아보았다. 몇몇 곳에 전화를 걸어 우리 집 상태를 설명하니 '특수청소'를 진행하는 곳을 알아보라며 연결해 주었다. 그때 처음 특수청소와 유품정리를 전문으로 다루는 낯선 청소업체의 존재를 알게되었다.

그렇게 몇 업체가 견적을 보기 위해 우리 집을 방문했다. 그 방문은 나에게 쓰레기집보다 더 큰 충격과 상처를 주었다. 그들은 타인에 대한 최소한의 예의나 존중도 없이, 담배를 뻑뻑 피우며 내 가족의 추억이 깃든 물건들을 발로 툭툭 찼다. 모든 것을 쓰레기 취급하는 태도로 일관하는 그들에게 차마 우리 집을 맡길 수 없었다.

나의 첫 정리가 시작되었다.

 처음엔 단순히 쓰레기를 버리면 해결될 줄 알았다. 가장 쉬울 것 같은 내 방부터 정리하기로 했다. 물건을 하나둘 꺼내어 정리하는데 얼마 지나지 않아 손이 느려지고 물건을 버리는 것이 아니라 챙기고 있는 내 모습을 발견했다. 오랫동안 떠나있던 내 방은 어린 시절 추억의 물건부터 학창시절의 일기장, 치열한 취업 준비의 흔적들까지 나의 지난 삶을 고스란히 품고 있었다. 아침부터 시작된 정리는 해가 저물도록 마대자루 하나 채우지 못한 채 막막함에 빠졌다.

 결국 가장 가까운 친구들에게 부안을 무릅쓰고 도움을 청했다. 가장 먼저 달려와 준 친구는 한동네에서 자라 학창시절부터 대학까지 함께한 봉수였다. 당연히 인도네시아에 있어야 할 내가 갑자기 집 청소를 도와달라는 부탁에도 그는 타지에서 안동으로 바로 달려왔다. 대문을 열고 집의 상황을 마주한 봉수는 말없이 주변을 둘러보고 곧장 쓰레기를 치우기 시작했다. 그리고 며칠 뒤 학창시절 껌딱지처럼 붙어다녔던 희창이가 합류했다. 우리 집에 가장 많이 놀러 왔던 희창이는 우리 부모님과도 따로 안부인사를 할 정도로 가까웠는데, 우리 집안 상황을 듣고는 눈시울을 붉혔다.

그렇게 세 청년의 험난한 정리가 시작되었다. 애초에 집안일에 익숙한 사람들이 아니었던 데다가 고철부터 가전, 농기계 같은 특수한 물건들은 어떻게 처리해야하는지 경험과 지식이 전무했다. 모든 것이 낯설고 버거웠지만 몸으로 부딪치며 익히다 보니, 조금씩 마당의 바닥이 드러나기 시작했다. 그렇게 2주에 걸쳐 트럭 4대, 약 4톤의 짐을 비워낸 끝에 집은 마침내 제 모습을 되찾았다.

집 정리 과정에서 나를 가장 힘들게 한 것은 육체적 고단함이 아니었다. 물건을 버리지 못하게 하는 아버지와의 끝없는 실랑이였다. 처음엔 원망스럽기만 했다. 그러나 하루 이틀 시간이 지나며 쓰레기 더미 너머에 숨어 있던 아버지의 마음을 조금씩 이해하게 되었다.

전형적인 경상도 남자인 아버지는 퇴직 후 무료한 생활을 하며 물건을 하나둘 모으기 시작했고, 어머니와 갈등의 골이 깊어지면서 물건에 대한 집착은 걷잡을 수 없이 커졌다. 평생 과묵하기만 했던 아버지의 마음 깊은 곳에는 지독한 고독이 자리하고 있었다. 원망은 연민으로, 연민은 곁을 지키지 못한 죄책감으로 바뀌었다.

집 정리가 끝나던 날, 나는 예매해둔 자카르타행 비행기 표를 취소했다. 가족 곁에 남기로 결심했다. 그리고 그날의 경험은 내 삶의 원칙이 되었다. 어지러운 공간 너머에 있는 사람의 마음을 먼저 살펴야 한다는 것.

그 후 유품정리사가 되어 수많은 현장을 다니던 작년 여름, 나는 한 노인의 고독사 현장에서 낡은 11권의 노트를 발견했다. "소여물을 주었다.", "날씨가 좋아 외출했다."와 같은 평범한 일상이 반복되는 수년간의 기록이었다. 어느새 마지막 노트를 펼치고 읽어내려가던 도중 암에 걸린 친구의 병문안을 다녀온 뒤 쓴 일기가 눈길을 사로잡았다.

"○○이 병문안 다녀 옴. 마음이 아파 많이 울었다."

짧은 기록에 담긴, 홀로 남겨질 것에 대한 두려움. 나는 그 자리에서 한동안 움직일 수 없었다. 그것은 아버지의 집에서 느꼈던 고독과 똑같았다.

만약 집을 정리하며 내 가족과 나의 마음을 들여다보지 못했다면, 이 일기장들은 그저 내게 아무짝에도 쓸모없는 쓰레기처럼 여겨졌을 것이다. 그러나 지난 경험 덕분에 나는 이 노트에 담긴 것이 누군가의 절절한 독백이라는 것을 알게 되었다.

이 일을 하다보면 나와 전혀 관계없는 누군가의 공간을 치우며 내 상념과 주변이 정리되는 느낌을 받을 때가 많다. 또 죽음과 관련한 현장을 정리할 때는 치열하고 바쁜 삶의 이면에 너무나 가깝게 자리 잡은 죽음 때문에 초연해지기도 한다. 어질러진 곳에서 정리를 배우고, 죽음을 통해 삶의 가치를 되새기는 이 역설적인 경험은 쓰레기로 덮인 고향집에서 시작되어 누군가의 일기장에 이르기까지 '정리'가 들어선 내 삶이 전해준 가르침이다.

몇 년만에 고향으로 돌아와 폐허가 된 내 집을 정리하며 절감한 것은 우리 가족처럼 도움의 손길이 필요한 사람과 공간이 많다는 사실이었다. 게다가 불쾌했던 청소업체 몇 곳이 이 시장의 전부였다는 사실 또한 나를 움직였다. 집을 정리하는 짧은 정리의 시간 동안 나는 내 가족과 친구, 나아가 내 지역 공동체와 다시금 연결되는 감각을 느꼈다. 먼 타국에서의 외로움이라 여겼던 것은, 내가 사랑하는 사람들 곁에서 그들을 위해 무언가를 하고 싶었던 마음이었다.

그렇게 나는 쓰레기로 가득 메워졌던 고향집 마당 한가운데서, 새로운 챕터의 첫 장을 열었다.

공대남, 유품정리사가 되다

 지금 우리 회사에서 회계부터 현장까지 한 축을 든든히 맡고 있는 봉수는, 대학 시절 화학을 전공한 전형적인 '공대남'이었다. 학창 시절부터 우직한 성격 탓에, 선배들이 뭐라 해도 틀린 말은 그냥 못 넘기고 기어이 한마디 했다가 괜히 잔소리를 더 듣던 그런 친구였다. 봉수는 내 인생의 방향이 흔들릴 때마다 묵묵히 곁을 지켜주었고, 쓰레기더미로 변한 내 집을 정리할 때도 한달음에 달려와 준 은인 같은 존재였다.

봉수는 우리 집을 청소하고 홀로 자취방에 돌아와 이전에는 느끼지 못했던 낯설음을 느꼈다고 했다. "처음엔 오랜만에 집에 와서 그런가 했거든? 근데 아니더라." 쌓여가는 택배 박스, 켜켜이 남은 배달 음식 흔적, 운동하려고 사 놓은 턱걸이 기구, 1년째 얼어 있는 명절 음식, 그리고 끝내 버리지 못한 소품과 편지, 서류 더미들. 봉수는 그때 자기 삶을 이렇게 표현했다.

"살아가는 삶이 아니라 그냥 견뎌내는 삶 같더라."

그는 내게 부모님 곁에 머물기로 한 내 결정을 부러워한다고 털어놓았다. 스스로 어떤 삶을 선택해야 할지, 또 어떻게 살아야 할지를 고민하면서 말이다. 그러던 어느 날, 봉수는 결심을 내렸다. 무식하게만 살아온 인생에 처음으로 큰 파장을 일으킬 만한 선택을 해보자는 것이었다.

'그래! 일단 집부터 치우자. 상문이 집도 정리했는데 내 방 하나쯤이야'라는 근거없는 자신감과 패기에서 비롯된 시작이었다. 그의 당찬 선언에 나는 속으로 웃음이 나왔지만 애써 내색하지 않았다. 예상대로 며칠 지나지 않아 다시 전화가 걸려왔다.

"상문아… 이번엔 니가 좀 도와줘야겠다."

봉수가 도움을 준 그때를 생각하며 나는 망설임 없이 기쁜 마음으로 그의 집으로 달려갔다. 마침 인도네시아 한국문화원을 그만두고 '천국박스'라는 이름으로 새 사업을 막 시작하던 시점이었다. 창업 초기의 설렘을 담아 맞춤 제작한 작업복을 입고, 큼지막하게 회사 이름이 적힌 트럭을 몰고 그의 집 앞에 섰다. 나를 본 봉수는 눈을 동그랗게 뜨더니 이내 웃으며 말했다.

"야, 너 진짜 제대로 해보려는구나? '천국박스'라… 단순한데 와닿는다."

문을 열고 들어선 봉수의 집은 겉보기에 멀끔했다. 하지만 수납장을 열자마자 물밀 듯 쏟아져 나온 물건들이 우리를 맞았다. 최신 가전제품에서부터 자잘한 소품까지, 닥치는 대로 모아둔 흔적들이었다. 쓰레기봉투가 산처럼 쌓여가자 나는 혀를 내둘렀다.

"야, 이걸 혼자 다 치울 생각이었냐?"

"아니… 그냥 박스에 넣고 대충 정리하려고 했지."

그 대답에 나는 불과 얼마 전 내 모습을 떠올렸다. '대충'

이라는 말이 가장 위험한 거였다. 하지만 이번엔 달랐다. 우리는 혼자가 아니었고, 이미 손에 익은 방법으로 함께 정리를 이어갔다.

그러다 보니 몰랐던 봉수의 새로운 면모가 보였다. 내 집을 정리할 때는 정신없이 뛰어다니는 봉수의 모습만 기억했는데, 이번에는 의외로 섬세하고 끈질겼다. 낡은 상자 속 사진과 편지를 따로 모으고, 오래된 영수증까지 하나하나 확인하며 정리하는 손길은 집요했다. 그가 다녀간 자리마다 말끔히 정돈된 흔적이 남았다.
 '봉수 성격이 원래 이렇게 꼼꼼했나?'
 속으로 중얼거렸다.

정리를 마치고 말끔해진 방에 마주 앉아 맥주를 따니, 그제야 외로움으로 가득했던 공간이 새로운 시작을 맞을 준비가 되어 보였다. 나는 장난스럽게 물었다.
 "야, 방에 별 게 다 있더라? 곰돌이 병따개에 인형은 왜 그렇게 많고, 짱구는 또 왜 그렇게 모았냐? 만물상 차려도 되겠다."

현재 봉수의 사무실 책상 한켠에 여전히 자리한 짱구와 친구들

봉수와 함께 지낸 트럭고사

봉수는 발끈하며 대꾸했다.

"야, 그게 다 의미가 있는 거야! 얼마나 귀여운데. 그리고 짱구 아니고 맹구거든?"

덩치에 어울리지 않게 아기자기한 소품을 진지하게 감싸는 모습에 웃음이 터졌다. 봉수도 민망한 듯 웃더니 솔직하게 털어놓았다.

"근데 참 많이 샀더라. 뭐가 그렇게 필요했는지… 귀여운 물건 보면 스트레스가 좀 풀리긴 했어."

나는 조용히 웃음을 거두고 맥주를 한 모금 삼켰다. 그리고 말했다.

"근데 너, 물건이 그렇게 많은데도 다 기억하고 챙기더라? 의외로 섬세하던데?"

봉수는 씩 웃으며 답했다.

"당연하지. 내 집인데. 다 규칙이 있다고."

그의 대답에 나는 나도 모르게 툭 내뱉은 말.

"너 나랑 같이 일해볼래?"

봉수는 맥주를 뿜으며 눈을 크게 떴다.

"야, 갑자기 뭔 소리야?"

"네가 정리하는 거 보고 확신이 들었어. 우리 회사엔 너 같은 사람이 필요하다."

어리둥절한 그의 얼굴을 보면서도 내 안에서는 이상할 만큼 확신이 차올랐다. 그날은 단순히 방 하나를 치운 게 아니었다. 내 과거를 비워냈던 첫 정리 이후, 이번엔 친구의 삶을 치우며 미래를 함께 설계할 동반자를 만난 것이다. 정리는 누군가에겐 '마침표'일 수 있다. 하지만 우리에겐 언제나 새로운 '출발점'이었다. 그렇게 봉수는 내 친구이자 동료, 그리고 천국박스의 김봉수 부장이 되었다.

봉부장의 금장구두

　호기롭게 시작한 우리의 유품정리 사업은 한동안 잘 굴러가는 듯했다. 1.5톤 트럭을 장만하고, 전국 곳곳에 현수막을 내걸며 인터넷 광고까지 시작하자, 처음 몇 달은 꾸준히 정리 문의가 이어졌다. 우리 머릿속에는 이미 '성공한 사업가'의 모습과 장밋빛 미래가 그려지고 있었다. 그러나 광고비는 끝도 없이 빠져나갔고, 전화벨 소리는 점점 뜸해졌다. 줄어드는 통장 잔고가 우리의 현실을 적나라하게 보여주고 있었다.

패기만으로 버티기엔 한계가 있었다. 우리는 이미 30대 중반이었고, 봉수는 갓 태어난 첫딸을 품에 안은 아버지가 되어 있었다. 책임져야 할 가족이 생긴 그의 어깨는 더 무거워졌고, 나 역시 친구의 미래까지 함께 짊어져야 한다는 부담감이 짓눌렀다. 감나무 밑에서 감이 떨어지길 기다릴 여유 따윈 없었다. 결국 우리가 택한 건 가장 단순하고도 고전적인 방식, 직접 발로 뛰는 영업이었다.

나는 사람들과 대화하고 설명하는 건 자신 있었지만, 막상 혼자 나서려니 용기가 나지 않았다. 그래서 꼼꼼하고 의외로 뚝심 있는 봉수와 함께 첫 오프라인 영업에 나서기로 했다. 안동 시내의 관공서, 요양병원, 복지센터 등 정리가 필요할 법한 곳이라면 어디든 찾아가 보기로 계획을 세웠다. 전투를 앞둔 병사처럼 우리는 비장한 각오로 준비를 시작했다.

그런데 문제는 복장이었다. 현장에서 입는 투박한 작업복을 그대로 입고 가는 건 예의도 아니고, 전문성마저 의심받을 수 있는 일이었다. 결국 각자 가진 옷 중 가장 멀끔

한 것을 꺼내 입기로 했다. 나는 취업 준비 시절 큰맘 먹고 샀던 흰 와이셔츠와 검정 슬랙스를 꺼냈다. 몸에 좀 끼었지만 없는 솜씨로 넥타이까지 매니 그럴듯했다. 약속 장소인 병원 앞에서 봉수를 기다리는데, 저 멀리 낯익은 그림자가 다가왔다.

정장을 차려입은 봉수였다. 걸음걸이부터 기세가 심상치 않았다. 뒷골목에서 마주쳤다면 주저앉을 법한, 영화 〈범죄도시〉 속 한 장면 같은 포스를 풍기며 내 앞에 섰다. 가까이 다가오자 칼각이 선 정장, 은색 버클이 번쩍이는 벨트, 그리고 압권은 금빛 'H' 장식이 번쩍이는 구두였다. 영업 현장이라기보다 조직 회합에 나가는 듯한 차림새였다.

나는 나도 모르게 목소리가 커졌다.
"야, 봉수야, 너 꼴이… 아니, 이런 걸 신고 오면 어떡해?"
내 반응에 놀란 봉수는 덩치에 어울리지 않게 어깨를 잔뜩 움츠렸다.

"아… 이거 아닌가? 새로 산 건데…"

멋쩍은 표정으로 대답하는 그를 보자, 순간 미안함이 밀려왔지만 동시에 우습기도 해서 웃음이 터졌다.

"야, 어디 조직 보스 같잖아. 내가 네 쫄병이냐?"

내 웃음에 긴장이 풀린 듯, 봉수도 따라 웃더니 터질 듯한 내 와이셔츠 단추를 쿡쿡 찔렀다.

"네 꼴도 만만치 않거든, 이 자식아."

그렇게 우리는 병원 앞에서 서로의 우스꽝스러운 차림을 두고 한참을 웃었다. 결과는 예상대로였다. 쭈뼛거리는 태도와 신뢰감을 주기 힘든 복장 덕에 그날 영업 성적은 처참했다. 하지만 이상하게도 돌아오는 길 우리의 발걸음은 무겁지 않았다. 영업은 실패했지만 '혼자가 아니라는 든든함'을 얻었기 때문이다.

사업을 하다 보면 막막한 날도, 모든 걸 포기하고 싶은 순간도 찾아왔다. 그럴 때마다 우리는 그날을 떠올린다. 봉수의 반짝이던 금장구두와, 잠기지도 않던 내 와이셔츠. 그 기억 하나로 피식 웃고, '함께니까 다시 해보자'는 용기를 얻는다.

이제 우리는 번듯한 사무실도 있고 회사 로고가 새겨진 유니폼도 입는다. 영업 실력도 제법 능숙해져 거절당하는 일도 웃어넘길 수 있다. 하지만 여전히 우리리 사무실 한쪽에는 봉수의 금장구두가 놓여 있다. 얼마 전 인턴 한 명이 "저 구두는 뭐예요?"라고 묻자, 우리는 또다시 배꼽을 잡고 웃으며 흑역사 같은 그날의 사연을 들려주어야 했다.

 '흑역사'라는 말은 원래 애니메이션 〈건담〉 시리즈에서 1만 년 동안 이어진 지난한 우주 전쟁의 기록을 뜻한다고 한다. 우리에게도 봉수의 금장구두 시절은 분명 치열한 전쟁 같은 흑역사였다. 하지만 부끄러움보다는 자부심이 먼저 고개를 든다. 화려한 구두는 서툴고 절박했던 청춘의 증거였고, 우리가 얼마나 진심으로 달려왔는지를 보여주는 상징이기 때문이다.

 가끔은 쉽게 가고 싶은 마음이 들거나 반복되는 일상에 지칠 때가 있다. 그럴 때마다 봉수의 금장구두가 반짝이며 우리에게 경고하는 것 같다.

'야, 다시 그때로 돌아가고 싶어?'

번쩍이는 'H' 장식의 묵직한 경고다. 유수의 경영 전략서나 자기계발서에서 얻는 통찰도 값지지만, 어쩌면 우리를 가장 단단하게 만든 건 바로 그 민망했던 흑역사의 기억일지 모른다.

의무기록사의 공황장애

 현재 우리 회사의 차장으로 현장과 영업의 선봉에 서 있는 희창이는, 나와 봉수가 동네 놀이터에서 흙먼지를 뒤집어쓰며 놀던 시절부터 함께한 소꿉친구다. 사람을 좋아하고 늘 유쾌한 성격의 그는 우리 회사에 합류하기 전, 지역 대형병원에서 의무기록사로 꼬박 10년을 근무했다.

 조금은 낯선 직업인 의무기록사의 주요 업무는 환자의 진료기록이 정확히 작성되었는지, 오류는 없는지 확인하고 관리하는 일이었다. 대학을 졸업하자마자 취업해 한 병원에서만 10년을 버틴 건, 언제나 안정적인 길을 최우선으로 여겨온 희창이다운 선택이었다.

어릴 적부터 친구들 사이에서는 분위기 메이커였던 그였지만, 사회생활에 들어서자 낯을 많이 가리는 성격 탓에 숱한 어려움이 따랐다. 특히 그를 괴롭힌 건 끝없는 회식 문화였다. 술 한 방울만 들어가도 얼굴이 금세 붉어지는 그에게, 시끄러운 고깃집에서 자욱한 연기 속 상사의 빈 잔을 채우고 억지로 소주를 넘겨야 하는 시간은 고문이나 다름없었다.

"김 선생, 딱 한 잔인데 괜찮지?"
거부할 수 없는 이 말은 조직의 규칙처럼 들려왔다. 희창이는 자주 화장실에 다녀오겠다는 핑계로 도망치듯 빠져나오곤 했다. 하지만 빠진 술자리만큼 직장생활이 고달퍼지는 건 두려웠다. 그는 매일 아침마다 '저 이제 회식도, 회사도 그만두겠습니다'라는 말이 목구멍까지 차오르는 걸 겨우 삼킨 채 하루를 시작했다.

그럼에도 그는 늘 스스로를 다독였다. '나만 힘든 게 아니야. 다들 비슷하게 사는 거겠지.' 그렇게 회식 전날부터 쌓이는 긴장, 억지 웃음, 다음 날까지 이어지는 숙취를 희창이는 꾹꾹 눌러 삼켰다. 이런 그를 버티게 한 건 안정감과 주변의 기대였다. 꼬박꼬박 찍히는 월급, 대형병원에 다닌다는 타인의 인정, 부모님의 자부심. 그는 그 보상에 기대어 하루하루를 이어갔다. 그렇게 10년, 무감각하게 흘러간 세월 속에서 그는 스스로 일상에 길들여졌다고 믿었다. 그러나 작은 균열은 이미 시작되고 있었다.

아침마다 같은 시간에 병원 문을 열고 들어가 저녁이면 다시 그 문을 나섰다. 그의 세상은 병원이라는 무대였고, 그는 미리 짜인 각본 속 조연 같았다. 환자복을 입은 사람들, 비슷비슷한 사연, 끝없이 입력되는 의학 용어들까지 모든 것이 복사된 장면처럼 반복됐다. 한때는 안정의 상징이던 풍경이, 어느 순간부터는 회색 벽처럼 희창이를 가두기 시작했다.

그의 시선은 자꾸만 창밖을 향했다. 창문 너머 계절은 바뀌는데, 그의 시간은 멈춘 듯 흐르지 않았다. 사람들은 각자 목표를 향해 달려가는데, 오직 자신만 갇혀 점점 잊혀 가는 기분. 그러던 어느 날, 문득 이런 생각이 스쳤다.

'나는 죽을 때까지 이 병원 안에서 차트만 넘기며 살아가는 걸까?'

막연한 불안은 구체적인 공포로 변해 그의 일상 위를 드리웠다.

그 시절의 희창이를 모른 채, 나와 봉수는 활화산처럼 타올랐다. 땀과 먼지에 찌든 작업복 차림이었지만, 우리의 대화는 언제나 뜨거웠다.

"얘들아, 오늘 대박 사업 아이디어가 떠올랐는데…"

"나는 오늘 동네 어르신한테 욕 한바가지 먹었는데, 왜 그렇게 웃음이 나던지 참느라 혼났다야."

어이없는 실수, 새로운 계약, 그럼에도 기대되는 내일을 이야기하며 우리의 눈빛은 늘 빛났다. 그런데 늘 말 많고 까불던 희창이는 그 자리에선 이상할 정도로 조용했다. 대화가 끝날 무렵, 그는 씁쓸한 미소와 함께 늘 이렇게 중얼거렸다.

"보기 좋네… 부럽다."

그리고 결국, 무너지는 순간이 찾아왔다.

평소처럼 환자 차트를 정리하던 중 눈앞의 모니터가 아지랑이처럼 일그러졌다. 글씨는 알아볼 수 없는 기호로 흩어지고, 심장은 미친 듯이 요동쳤다. 식은땀이 쏟아지고, 귀를 찢는 듯한 이명이 몰려왔다. 설명할 길 없는 불안감이 파도처럼 덮쳤다. 희창이가 수없이 기록했던 그 단어, 공황발작이었다.

예고 없는 발작은 일상을 침범했다. 밖으로 나가 잠시 바람을 쐬는 것 외엔 도리가 없었지만, 병원은 그조차 허락하지 않았다. 익숙하던 소독약 냄새는 숨통을 죄고, 똑같은 복도는 끝없는 미로처럼 그를 옭아맸다. 또다시 발작이 찾아왔을 때 그는 더 이상 버티지 못하리라는 것을 직감했다. '안정'이라는 이름으로 쌓아올린 벽은 무너져 내렸고, 희창이는 결국 병원을 떠났다.

퇴사 후 그는 우리의 일을 도우며 자연스레 합류했다. 병원에서의 경험 덕분에 희창이가 마주하는 감정은 우리와 달랐다. 과거 그는 수많은 환자를 접했지만, 죽음은 언제나 숫자와 기록으로 정리해야 하는 대상이었다. 감정은 가장 먼저 지워야 할 항목이었다. 죽음은 단지 서류 더미 위 마지막 마침표였을 뿐이다.

그러나 유품정리 현장에서 마주한 죽음은 달랐다. 차트 속 코드로만 존재하던 죽음은, 손때 묻은 물건과 유족의 눈물 속에서 생생히 다가왔다. 차트 너머엔 누군가의 발자취와 사연이 있었다. 그래서인지 그는 현장에서 늘 더 깊은 감정에 휩싸였다. 산더미 같은 약봉지와 흩어진 의무기록지를 정리하다가, 그가 혼잣말처럼 내뱉은 말이 아직도 귀에 남아 있다.

"차트에선 다 똑같아 보였는데… 막상 와 보니까 전부 다른 삶이었네."

병원에서는 끝내 알 수 없었던 죽음의 풍경을, 그는 유품정리사가 된 후에야 비로소 마주하게 되었다. 그래서일까, 그는 유족의 마음에 그 누구보다 깊이 공감하며 진심으로 귀를 기울인다. 창밖 세상을 부러워하던 그는 이제 스스로 그 세상 속으로 들어와 유품정리사의 삶을 살아내고 있다. 그는 더 이상 기록만 정리하는 사람이 아니다. 남겨진 물건과 이야기를 이어가며, 매일 자신의 새로운 이야기를 써 내려가고 있다.

버려질뻔한 이야기

 정은이와 나는 같은 대학 민속학과의 선후배 사이다. 하지만 엄밀히 말하면 '얼굴만 아는' 사이에 불과했다. 나는 복수전공으로 무역학을 선택해 늘 바쁘게 지냈기에 민속학은 그저 부전공처럼 흘려보냈다. 반면 정은이는 전공 수업에만 몰두했고, 나와 강의실에서 마주친 적도 거의 없었다.

 우리가 가까워진 건 아이러니하게도 학교도, 전공도 아닌 낯선 해외 캠퍼스에서였다. 마지막 여름방학, 별생각 없이 신청한 어학연수 프로그램에 정은이도 함께 참여하게 된 것이다. 타국의 풍경 속에서 '같은 과 사람'이라는 연결고리는 생각보다 큰 위안이 되었다.

취업을 서두르던 나와 학업을 더 이어가려던 정은이는 서로 다른 방향을 바라보고 있었지만, 이상하게도 대화가 잘 통했다. 현재에 발을 디디고 있던 나와 미래를 향해 걷던 그녀, 서로 다른 시선이 오히려 균형을 만들어 주었던 것 같다.

시간이 흘러 나는 한국으로 돌아와 유품정리사의 길을 걷게 되었고, 정은이는 대학원을 졸업한 뒤 박물관과 공공기관에서 일하며 묵묵히 자신의 길을 이어갔다. 언뜻 전혀 다른 길처럼 보이는 유품정리와 민속학. 하지만 아이러니하게도, 나는 유품정리 일을 하면서 오히려 민속학을 자주 떠올리게 되었다.

집을 정리하다 보면 무수히 쏟아져 나오는 물건들 가운데, 생각보다 많은 것들이 저마다의 가치를 지니고 있었기 때문이다. 버려야 할 물건만큼, 버리기 어려운 물건이 많았다. 멀쩡한 가전과 가구는 물론이고, 정성껏 빚은 도자기, 작가 미상의 그림, 오래된 수공예품까지… 쓰레기로 버리기엔 아깝고, 중고시장에 내놓기엔 애매한 물건들이 창고에 쌓여갔다. 그때 문득 정은이가 떠올랐다. 밑져야 본전이라는 생각으로 몇 장의 사진을 찍어 보냈다.

 잠시 후 도착한 답장은 뜻밖이었다.
 "완전 오래된 건 아니지만, 몇몇은 근대 민속품으로 가치가 있어 보여. 지역 박물관이나 국가유산청에 감정 의뢰해봐도 될 것 같아."
 짧은 조언이었지만 내겐 커다란 깨달음이었다. 나는 그저 버리거나 팔 생각만 했지, '보존한다'는 선택지는 떠올리지 못했기 때문이다. 눈이 번쩍 뜨이는 순간이었다. 정은이는 덧붙였다.
 "전시장에 있는 유물만 보다가 이렇게 생활 속에서 나온 물건들을 보니까, 사람 냄새가 나네."

실제로 그 조언 덕분에 몇몇 유품은 쓰레기 더미가 아닌 박물관 전시장의 조명 아래 놓일 수 있었다. 우리는 버려질 줄 알았던 물건 속에도 지켜야 할 이야기가 숨어 있다는 것을 함께 배웠다. 그 후로 판단하기 어려운 물건이 나오면 자연스레 정은이에게 사진을 보냈고, 그것이 지닌 가치에 대해 진지하게 이야기를 나누곤 했다.

그 무렵 나는 봉수, 희창과 함께 고향의 낡은 한옥을 개조해 '하우스태화'라는 숙소를 준비하고 있었다. 1년 넘게 손발을 맞춰 완성된 공간에 고마운 이들을 초대했는데, 정은이도 그 자리에 있었다. 대부분은 새로 칠한 벽이나 소품에 감탄했지만, 그녀의 시선은 달랐다. 정은인 낡은 대들보와 오래된 간살문 앞에 오랫동안 서 있었다.

"옛날 집 구조를 잘 살렸네. 이런 간살문은 이제 만들고 싶어도 못 만들지."

처음으로 우리 공간의 진짜 가치를 알아봐 준 사람이었다.

깨끗하게 정리된 하우스태화의 모습

우리는 정은이가 찾은 바로 그 가치를 세상에 어떻게 전할지 여전히 막막했다. 남자 셋이 모여 감성 소품을 사다 놓고 사진을 찍어도, 이 공간의 분위기를 제대로 담아내지 못했다. 며칠 뒤 정은이 "깜빡했다"며 보내온 사진 몇 장을 보고 우리는 동시에 탄성을 질렀다.
 "와… 우리 집이 이렇게 예뻤어?"

 햇빛이 비치는 마루, 간살문 사이로 떨어지는 빗방울… 그것은 홍보용 사진이 아니라 영화 속 장면 같았다. 우리가 놓치고 있던 것은 기술이 아니라 '이야기를 불어넣는 감성'이었다. 그리고 그 감성을 만들어내는 사람, 지나간 물건의 가치를 알아보고 소중히 여길 줄 아는 사람은 바로 정은이었다.

 나는 전화를 걸었다. "정은아, 혹시 또 한 번 놀러올래?" 다시 만난 자리에서 솔직하게 말했다.
 "네가 찍은 사진을 보고 생각했어. 네 시선과 감성이 우리에게 꼭 필요해. 같이 일해보지 않을래?"

잠시 생각하던 정은이는 눈빛을 반짝이며 답했다.

"나 요즘 이직 고민하고 있었는데… 왠지 재미있을 것 같아. 해볼게."

그렇게 박물관에서 유물을 분류하던 정은은, 유품과 공간 속에서 살아 있는 이야기를 끌어내는 동료가 되었다. 안정적인 경력을 뒤로하고 불확실한 현실로 뛰어드는 것은 결코 쉬운 선택이 아니었다. 그러나 그녀는 박물관의 정적인 유물보다, 우리가 매일 현장에서 던지는 '이 공간을 어떻게 살릴까?', '이 유품엔 어떤 사연이 담겨 있을까?'라는 질문 속에서 더 큰 설렘을 느꼈다.

돌이켜보면 어떤 것도 계획적이지 않았다. 무모하게 시작한 유품정리 사업, 한옥 숙소 운영, 그리고 책을 쓰기까지. 계획표에 없던 일들이 우리를 앞으로 이끌었다. 봉수의 우직함과 섬세함, 희창의 배려 깊은 공감력, 거기에 정은의 새 가치를 발견하는 시선이 더해졌기에 비로소 가능했던 길이었다.

그리고 나는 확신한다. 우리가 함께할 때 흩어진 조각들은 단순한 물건이 아니라, 온전한 '삶의 기록'으로 다시 살아난다. 그것이 우리가 걷는 길의 의미이며, 앞으로도 이어가야 할 우리의 사명이다.

2

우리가 만난 사람들

할머니가 가져가신 물건

 많은 사람들이 일자리를 찾아 대도시로 가지만, 우리의 일은 좀 다르다. 작고 외진 곳일수록 우리를 찾는 사람들이 많아진다. 의뢰가 가장 많이 들어오는 지역 중 하나가 경상북도 의성군이다. '의성마늘'로 널리 알려진 곳이지만, 실상은 서울보다 두 배 넓은 땅에 인구 절반 이상이 노인인 작은 군 단위 지역이다. 버스는 하루 몇 번 오지 않고, 잡초만 무성한 빈집들이 늘어가는 곳. 우리가 마주한 집도 그 풍경 속에서 크게 다르지 않았다.

지나가던 주민이 들려준 우리 현장의 사정은 이러했다. 이 집 주인 할머니는 오랜 투병 끝에 얼마 전 세상을 떠났고, 그 후로 아무도 돌보지 않자 집은 금세 폐가처럼 변해 버렸다는 것이다. 마당에는 잡초가 무릎 높이까지 자라 있었고, 낡은 농기구와 쓰다 만 생활도구들이 뒤엉켜 있었다. 나는 마당부터 정리하기 시작했고, 봉수는 창고로, 희창이는 안방으로 흩어져 하나씩 물건을 치워 나갔다.

 마당의 짐을 트럭에 옮기던 중, 문득 대문 쪽을 바라보았다. 그곳으로 한 할머니가 보행용 유모차를 밀며 느린 걸음으로 다가오고 있었다. 시골에서 흔히 볼 수 있는 광경이었지만, 무언가 예사롭지 않았다. 아흔은 훌쩍 넘어 보이는 할머니는 힘겹게 걸음을 옮겨 마당으로 들어서더니, 우리에게 눈길 한 번 주지 않고 오래된 집을 가만히 노려보았다. 쇠약한 몸과는 어울리지 않는 단단한 눈빛으로 우리 모두를 순식간에 긴장하게 만들었다. 큰 가구를 옮기고 있어 자칫 위험할 수 있는 상황이었기에 희창이가 나섰다.
 "할머니, 여기 지금 위험하니까요. 잠깐 저쪽 그늘에서 계시면…"

말을 끝내기도 전에, 마치 버티던 실이 끊어진 듯 할머니는 그대로 바닥에 주저앉았다. 모두가 놀라 달려가 부축하자, 깡마른 어깨가 미세하게 떨리고 있었다. 기력이 없어 눈물 한 방울 흐르지 않았지만, 온몸으로 울고 있다는 걸 알 수 있었다. 그 처절한 통곡 앞에서 우리는 아무 말도 할 수 없었다.

겨우 부축해 집 안으로 모시자, 할머니는 한참 만에 가늘게 입을 열었다.

"내 친구 집이야… 친구."

그 짧은 한마디가 오래전 기억으로 우리를 데려갔다.

할머니는 스무 살도 채 되기 전에 이 낯선 마을로 시집왔다. 공교롭게도 이 집의 주인인 친구도 같은 시기에 옆 마을에서 건너온 새댁이었다. 익숙지 않은 집안일과 시부모를 모셔야 하는 고단한 삶 속에서 두 사람은 금세 가까워졌다. 농사가 바쁜 철이면 서로 일을 거들었고, 배고픈 시절에는 밥을 나누며 하루를 버텼다. 그렇게 흘러간 세월이 어느덧 70년.

"여기가 내 집이지, 뭐."

할머니가 앉아있던 마루

그 한마디에 헤아릴 수 없는 시간이 담겨 있었다. 이후 자식들이 장성해 품을 떠나고 남편마저 먼저 세상을 등졌을 때, 곁에 남은 건 두 할머니, 서로뿐이었다. 마루에 마주 앉아 달큰한 믹스커피 한잔을 나누며 도란도란 이야기를 하다 보면 긴 하루도 금세 흘러갔다. 그 이야기를 하던 할머니의 얼굴엔 웃음과 눈물이 동시에 비쳤다.

1년 전, 친구는 암으로 병원에 입원했고 몇 달 뒤 세상을 떠났다. 거동이 불편한 할머니는 병문안도, 장례식도 함께하지 못했다. 대신 매일 이 집을 찾아와 마음을 달랬다. 그러나 장례가 끝난 뒤로는 자식들의 발길마저 끊겼다. 굳게 닫힌 대문 앞까지 왔다가 다시 돌아서기를 수없이 반복한 것이다.

어김없이 오늘도 친구의 집을 찾은 할머니는, 대문이 열리고 친구의 오래된 물건과 마당을 정리하는 모습이 보이자 끝내 마음이 무너져내렸다. 돌아갈 채비를 하던 할머니는 문득 무언가가 생각이 난다는 듯 부엌을 가리켰다.

"저기 커피 컵 하나 줘. 꽃무늬."

아직 정리하지 않은 주방 선반을 열자, 흔한 꽃무늬 머그컵이 놓여 있었다. 그 잔을 조심스레 챙긴 할머니는 위태로운 걸음을 옮겨 골목길로 사라졌다. 할머니의 작은 뒷모습이 보이지 않자 우리는 다시 일을 시작했다. 손은 바쁘게 짐을 나르고 방 안을 정리했지만, 마음은 여전히 할머니가 서 있던 자리에 머물러 있었다. 마당 한가운데 못처럼 박혀 있던 그 눈빛이 좀처럼 지워지지 않았다.

폐허처럼 보이던 이 집에는 두 할머니가 함께 울고 웃으며 살아낸 세월이 남아 있었다. 잡초로 무성한 마당에는 내 집처럼 드나들던 발자국이 찍혀 있었고, 꽃무늬 머그컵 하나에는 70년의 우정이 담겨 있었다. 삶은 끝내 두 사람의 우정을 멈추게 했지만, 그 마음만은 지워지지 않고 우리에게 전해졌다.

그날 우리는 알았다. 공간은 떠난 이의 시간이 머무는 곳이며, 물건은 남겨진 이의 그리움을 간직한다는 것을. 그리고 우리의 일은 그 흔적을 정중히 거두어, 누군가의 추억이 소중히 이어지도록 돕는 일이라는 것을 말이다.

1년에 한 번만 청소하는 여자

"그 고객님 또 전화 왔네요?"

해마다 여름이 다가오면 어김없이 걸려오는 한 통의 전화. 익숙한 대화가 오가면 우리는 자연스럽게 청소 도구를 챙긴다. 어느새 세 번째 해를 맞이한 이 특별한 의뢰는 이렇게 시작되었다.

첫 의뢰는 우리가 사업을 시작한 지 몇 달 되지 않았을 무렵이었다. 전화기 너머로 들려온 목소리는 또렷하고 정중했다.

"안녕하세요. 혹시 오피스텔 청소도 가능할까요?"

당연히 가능하다고 답하며 약속을 잡았지만, 솔직히 조금 의아했다. 우리가 주로 맡아온 일은 혼자 감당하기 어려운 큰 규모나 전문적인 기술이 필요한 현장이었고, 의뢰인 대부분은 중장년층이었다. 그런데 젊은 여성이 부탁한 청소라니, 낯설었다. '왜 하필 우리를 선택했을까?'

도착한 곳은 안동 인근 신도시의 신축 오피스텔. 외관은 단정했고 주차장도 널찍했다.

"오늘은 점심 전에 끝나겠는데?"

희창이가 능청스럽게 말했고, 나도 고개를 끄덕였다. 하지만 문을 열자마자 우리의 기대는 산산조각 났다.

현관 너머로 퍼져 나온 건 기묘한 냄새였다. 독한 향수 냄새와 썩은 쓰레기 냄새가 뒤엉켜 코를 찔렀다. 거실 바닥은 쓰레기에 묻혀 있었고, 비닐봉지와 택배 상자가 켜켜이 쌓여 있었다. 사람 하나 겨우 지나다닐 수 있는 좁은 통로가 쓰레기더미 사이로 뱀처럼 이어져 있었다. 그 길목 한쪽엔 현관에서 벗겨진 구두 한 짝이 덩그러니 놓여 있었고, 나머지 한 짝은 전자레인지 위에 걸쳐 있었다. 이 기묘한 풍경은, 마치 상식이 어긋난 장면처럼 낯설고 비현실적으로 다가왔다. 화장실 문틈 사이로 보이는 풍경은 더 절망적이었다.

우리는 황급히 밖으로 나와 작업 순서를 다시 상의했다. 그때 현관 앞에 의뢰인이 도착했다. 단정한 단발머리에 세련된 옷차림, 20대 후반쯤 되어 보였다. 전혀 이 집의 주인일 것 같지 않은 모습이었다. 그녀는 우리의 표정을 읽은 듯 멋쩍게 웃으며 말했다.

"안녕하세요. 집이 좀… 지저분하죠? 제가 버리는 걸 잘 못해서요. 잘 부탁드립니다."

그제야 이해가 되었다. 그녀는 이미 알고 있었다. 이 공간은 단순한 청소로는 감당되지 않는다는 것을. 그래서 우리를 찾은 것이었다.

그 후로 초여름이 되면 그녀의 전화는 연례행사처럼 이어졌다. 남자친구 방문이나 부모님의 방문 같은 '비상사태'를 앞두고서였다. 우리끼리는 "슬슬 더워지네, 곧 그분 연락 오겠다"며 농담처럼 이야기했다. 그렇게 3년 동안 세 번의 청소가 이어졌고, 그녀가 다른 지역으로 이사하면서 우리의 작은 의식도 끝이 났다.

그녀의 집은 단순히 지저분한 것 이상이었다. 쓰레기더미는 혼란스럽게 쌓여 있지 않았다. 분리수거장처럼 일정한 구분이 있었고, 음식물은 꼭 냉장고 속에만 모아두어 악취도 생각보다 심하지 않았다. 무엇보다 눈길을 끈 건 해마다 등장하는 1년 치 영수증과 손글씨로 빼곡하게 정리한 가계부였다. 관리비, 쇼핑, 교통비, 경조사비까지 꼼꼼히 기록돼 있었다. 무심하거나 게으른 사람이 아니었다. 어쩌면 물건을 쌓아두는 건 단순한 방치가 아니라, 자신의 삶을 기록하고 붙잡으려는 집착일지도 몰랐다.

세 번째 해, 마지막 청소를 할 때는 그녀도 한층 편해진 듯 농담을 건넸다.
"남자친구는 집에 1년에 한 번만 초대해요. 절대 못 오게 해요."
우리가 정리를 마칠 즈음, 그녀가 망설이다 조심스럽게 물었다.
"혹시… 저 같은 사람이 또 있나요?"
짧은 물음 속에는 눌러온 시간이 묻어 있었다. 나는 사실대로 말했다.
"네, 의외로 많아요. 요즘은 특히 젊은 분들이 자주 연락하세요."

그녀 얼굴에 안도와 쓸쓸함이 동시에 스쳤다. 우리는 마지막 인사에 응원을 담았다.

"다른 지역 가서도 건강하시고, 언제든 도움이 필요하면 연락 주세요. 멀어도 꼭 갈게요."

그녀가 떠난 뒤 집주인이 다가와 중얼거렸다.

"아니, 멀쩡하게 생겨가지고는… 이럴 줄 누가 알았겠어."

겉모습과 생활 공간의 괴리는 흔히 듣는 말이었다. 우리는 굳이 대답하지 않고 묵묵히 일을 이어갔다.

요즘 청년들의 의뢰는 분명 늘고 있다. 겉모습은 단정하고 말투도 평범하지만, 가장 자신다워야 할 공간인 집을 돌보지 못한다는 공통점이 있다. 그들의 방 안 풍경은 놀랍도록 닮아 있다. 배달 용기와 편의점 봉투가 바닥을 덮고, 택배 상자가 벽을 따라 쌓여 간다. 세탁하지 않은 옷에서는 강한 향수 냄새가 베어 나온다.

그렇게 방치된 방은 빈칸 하나 남지 않은 테트리스 게임판 같다. 하지만 게임과 다른 점은 현실엔 '리셋 버튼'이 없다는 사실이다. 밥을 챙기고, 설거지를 하고, 세탁기를 돌리는 단순한 습관이 무너지면 삶 전체가 금세 기울기 시작한다. 귀찮음으로 미룬 일이 감당할 수 없는 짐이 되고, 결국 무기력이라는 벽 앞에 갇히게 된다.

그래서 우리는 안다. 이 문제는 단순히 '게으름'의 문제가 아니다. 그 이면에는 취업 경쟁과 불안정한 일자리 속에서 지쳐가는 청년들의 현실이 있다. 무너지는 건 거창한 포부가 아니라 일상을 지탱하는 힘이다.

현장에서 우리가 만나는 건 특별한 환자가 아니다. 끝없는 경쟁 속에서 균형을 잃은, 우리와 다르지 않은 청년들이다. 쓰레기로 가득했던 방이 비워지고, 제자리를 찾은 물건들이 놓이면 공간은 다시 숨을 쉰다. 문제를 대신 해결해 줄 수는 없지만, 다시 시작할 발판을 마련해 줄 수는 있다.

언젠가 나 역시 무너진 방 안에서 길을 잃었던 적이 있기에, 그 마음을 안다. 그래서 오늘도 바란다. 정리된 방에서 어제와는 다른 아침을 맞이하길. 그 작은 변화가 내일을 버틸 힘이 되길. 그렇게 우리는 또 다른 누군가의 내일을 향해 걸어간다.

예상치 못한 상주

"50대 남성, 사고사 추정."

 행정복지센터 담당자는 우리에게 이렇게 짧게만 전했다. 그의 장례는 공영으로 치러질 예정이었다. 대구 번화가와 맞닿은 낡은 빌라엔 어쩐지 쓸쓸한 바람이 불었다. 먼지 낀 복도와 전단지로 가득한 현관문은, 이 집 주인이 떠난 시간을 조용히 말해주고 있었다.

현관문이 열리자 곰팡내 같은 종이 냄새와 메마른 흙냄새가 뒤섞여 훅 하고 밀려왔다. 이렇게까지 삶의 냄새가 사라진 집에 들어서면 묘한 감정이 덮쳐온다. 남겨진 흔적은 지나치게 가볍고, 그 가벼움이 오히려 마음을 더 무겁게 짓누르곤 한다. 우리는 잠시 고개를 숙이고, 빈집의 주인에게 조심스레 양해를 구했다.
"삼가 고인의 명복을 빕니다. 잠시 들어가겠습니다."

 살림살이가 많지 않아 정리는 금세 진행되었다. 거실에 놓인 몇 안 되는 물건을 치우고 안방으로 들어갔다. 요와 이불이 단출하게 깔려 있었고, 붙박이장엔 옷 두세 벌이 전부였다. 그때 방 구석에서 짐을 정리하던 희창이가 낡은 과일상자 하나를 들고 나왔다.

 상자 속에는 금이 간 안전모, 빛이 바랜 주황색 조끼, 흙이 묻은 작업화가 차곡차곡 들어 있었다. 매일 위험한 현장에 나가 땀에 젖은 채 하루를 버텼을 그의 삶이, 손때 묻은 물건마다 고스란히 스며 있었다. 조끼를 반듯하게 접던 순간, 낡은 지갑이 툭 떨어졌다. 안에는 인력소 명함이

빽빽했고, 그 사이 고개를 내민 건 교통카드 한 장이 전부였다. 이 물건들이야말로 그를 증명하는 마지막 흔적 같아서 우리는 다른 짐과 섞이지 않도록 따로 챙겨 두었다.

정리를 마무리하던 중, 현관문에서 인기척이 났다. 누가 잘못 찾아왔나 싶어 고개를 들자, 삐걱이며 열린 문틈 사이로 중학생쯤 되어 보이는 남자아이가 조심스레 고개를 내밀었다. 헐렁한 교복 탓에 앳된 얼굴이 더 도드라져 보였다. 조심스러운 눈빛이었지만, 잘못 찾아온 듯한 기색은 전혀 없었다. 나는 당황스러움을 감추고 다가가 물었다.
"어떻게 오셨어요?"
아이는 약간 떨리는 목소리였지만 분명하게 말했다.
"…상, 상주입니다."

낯선 단어를 스스로도 어색해하는 표정이었다. 순간, 집 안의 모든 소음이 멎었다. 동료들 모두 하던 일을 멈추고 아이를 바라보았다. 예상치 못한 '상주'의 등장에 나는 말이 꼬였다.
"네? 어떻게… 아니, 들어오세요."

아이는 잠시 망설이다 집 안으로 발을 들였다. 낯설고 긴장된 눈빛으로 우리를 힐끔거리며, 곧 방 안을 천천히 둘러보았다. 봉수가 조심스럽게 물었다.

"혹시… 처음 와보는 건가요?"

아이는 말없이 고개를 끄덕였다. 우리는 눈길을 거두고 다시 작업을 이어갔지만, 마음은 온통 그 아이에게 가 있었다.

정리가 끝나갈 무렵, 아이가 쭈뼛거리며 다가와 물었다.

"혹시… 따로 나온 물건은 없을까요?"

우린 서로 눈을 마주쳤지만 모두 고개를 저었다. 어떤 메모도, 일기장도, 낙서조차도 없었다. 미안하고 안타까운 마음이 밀려왔다. 그를 기억할 수 있는 선 파일박스 속에 담긴 고인의 노동 현장 물건들이 전부였다. 아이는 멍한 눈빛으로 안전모를 쓰다듬으며 낮게 중얼거렸다.

"진짜… 저게 다구나."

그 순간, 아이의 손끝은 망설임처럼 물건 위를 천천히 맴돌았다. 우리가 해줄 수 있는 건 아무것도 없었다. 그저 바랄 뿐이었다. 이별이 남긴 상처가 아이의 마음에 너무 깊은 흉터로 새겨지지 않기를. 너무 일찍 철들지 않기를.

돌아서는 소년의 뒷모습은 여전히 작았다. 이 집으로 들어올 때의 앳된 상주는 어느새 사라지고, 남겨진 건 상실의 무게를 짊어진 긴 그림자뿐이었다. 과일박스 하나에 담긴 짐은 초라했지만, 그 물건이 남긴 마음의 무게는 결코 가볍지 않았다. 유난히 짧았던 그날의 작업은 소년의 뒷모습처럼 오래도록 우리의 가슴에 깊은 흔적을 남겼다.

40년 만의 퇴근

최근 들어 의뢰가 늘어난 분야 중 하나는 폐업 정리다. 누군가의 삶이 끝난 자리를 치우는 것과, 평생 이어온 업을 마무리하는 공간을 정리하는 일은 결이 다르다. 특히 수십 년간 한자리를 지켜온 가게 주인이 직접 의뢰하는 경우, 슬픔보다 땀과 자부심의 냄새가 더 짙게 밴다.

"여기 신시장 ○○상회 알지요? 고등어집에서 꺾으면 바로 보여요."

전화를 받고 우리가 찾아간 곳은 안동 신시장 골목에 있는 작은 포목점이었다.

포목(布木)은 베나 무명 같은 옷감을 뜻한다. 한때는 혼수와 장례 같은 집안 큰일을 준비하는 이들로 가득하던 가게였다. 특히 안동은 삼베의 고장이었기에 '베전'이라는 시장이 생겨났고, 귀한 안동포를 사려는 사람들로 늘 북적였다. 하지만 값싼 수입 원단과 기성복의 시대가 도래하자, 시장도 포목점 골목도 점차 멈춰 섰다. 희미하게 바랜 간판들이 그 세월을 말해주고 있었다.

반쯤 열린 셔터 앞, 작은 체구의 의뢰인이 반갑게 맞았다.
"젊은 사람들이 왔네. 덥지요? 커피 한잔씩 해."
원래 알던 사이인 듯 우리의 등허리를 두드려주시는 그분의 손길이 정겨웠다.

가게 안은 손님이 끊긴 채 먼지가 내려앉은 옷감들로 가득했다. 먼저 천 더미를 옮기고, 크고 작은 가전제품을 빼냈다. 80년대 꽃무늬 패턴의 옷감, 숫자가 다 지워진 나무자, 손때로 반질반질해진 주판까지… 마치 타임머신을 타고 40년 전 시장 한복판에 내려선 듯했다.

"어머니, 따로 챙기실 물건 있으세요?"

우리의 물음에 의뢰인은 기다렸다는 듯 품에 안은 옷감을 내보였다.

"이게 40살이 넘었어. 우리 아들보다 나이가 많아."

의뢰인이 가게를 연 것은 1983년 겨울, 그녀의 남편이 쓰러진 해였다. 큰아이는 초등학생이었고, 막내는 돌도 지나지 않았다. 집안의 생계를 책임져야 했던 그녀는 빚을 내어 시장 한 귀퉁이에서 천을 깔고 옷감을 팔기 시작했다. 난로조차 없는 찬 바닥에서 번 돈으로 사남매를 키웠다.

"천 자르다 손가락 베인 적이 한두 번이 아니야. 피가 뚝뚝 떨어져도 붕대 감고 계속했지. 그땐 다 그랬어."

덤덤한 고백 속엔 후회나 원망 대신, 제 힘으로 삶을 일군 자부심이 묻어 있었다.

정리가 마무리될 즈음, 가게 한쪽 벽에 꼭 맞춘 유리장식장만 남았다.

"이 장은 어떻게 할까요?"

잠시 시선을 먼 곳에 두던 의뢰인이 말했다.

"이거, 내가 가게 처음 들어올 때 대구까지 가서 맞춘 거예요. 아직도 안동에선 이만한 게 없어. 이건 내가 가져가야지. 잘 챙겨줘요."

그 한마디에는 지난 세월의 무게와 긍지가 고스란히 담겨 있었다. 그 장식장은 단순히 천을 보관하던 가구가 아니라 고단했던 날들의 증거이자, 삶을 일구어낸 자부심이 깃든 상징이었다.

이제는 시장에 사람들이 잘 오지 않는다며 아쉬운 표정을 지은 의뢰인은, 사실 이미 몇 년 전부터 손님의 발길이 끊겼지만 매일같이 가게에 출근도장을 찍었다고 했다. 그러다 건강이 나빠지면서, 혹여 자신이 갑자기 세상을 떠나면 이 공간이 자식들에게 짐이 될까 싶어 정리를 결심했다고 했다.

우리가 짐을 옮기는 동안 의뢰인은 가게에 얽힌 옛 이야기를 하나둘 꺼내놓았다. 단골손님들의 기억에서부터 오랜 이웃 상인들의 안부까지, 시시콜콜한 이야기였지만 그 이야기를 전하는 목소리에는 생기가 가득했다.

이곳은 단순히 돈을 벌기 위한 일터가 아니라 가족의 삶을 지탱하고, 이웃과 정을 나눈 생활의 터전이었다. 가게 한가득 쌓여 있던 천 더미처럼, 그 공간에는 한 어머니의 세월이 알록달록하게 물들어 있었다. 그러나 수십 년의 시간을 걷어내는 데는 고작 몇 시간밖에 걸리지 않았다. 모든 짐을 치운 뒤, 가게가 있던 자리는 말끔히 비워졌다.

"아이고, 엄청 깨끗하네."
 이웃들과 인사를 나누고 돌아온 의뢰인은 개운한 듯 웃어 보였다.
"그래도 섭섭하시겠어요."
 내 위로에 잠시 쓸쓸한 표정이 스쳤지만, 곧 손사래를 치며 말했다.
"이제 내 자리가 아닌 것 같어. 할 만큼 했지 뭐. 아유 지겨워."

 그 담담한 한마디에, 존경과 아련함이 뒤섞인 감정이 울컥 차올랐다. 비단 이 포목점만의 이야기가 아니다. 시장 전체가 천천히, 그러나 분명히 활기를 잃어가고 있었다.

어머니와 청춘을 함께 보냈을 이웃 상점들도 하나둘 문을 닫았고, 이제는 주말에만 장사를 이어가는 곳도 늘어났다. 거스를 수 없는 흐름임을 알면서도 마음 한켠은 아쉽다.

 잊지 말아야 할 것은, 이 시장이 오랜 세월 이어져 올 수 있었던 건 포목점 어머니 같은 분들의 성실한 삶 덕분이라는 사실이다. 묵묵히 버텨낸 그 자리가 오늘의 풍경을 만든 초석이었다는 것을 다시 한 번 되새기게 된다. 의뢰인에게 이 가게는 청춘을 밑천 삼아 가족의 생계를 일군 터전이었다. 그 치열함과 희생이 스민 공간을 정리하며, 한 시대를 온전히 살아낸 사람만이 지닐 수 있는 단단한 긍지를 마주했다.

 그날 우리의 일은 낡은 것을 버리는 일이 아니었다. 빛나는 완주의 순간을 지켜보고 박수를 보내는 일이었다. 한 어머니가 평생의 짐을 내려놓고 비로소 자신만의 시간을 열어가는 그 시작에 함께할 수 있었음에 마음 깊이 감사한 날이었다.

어르신 운전 중

 수많은 집을 정리하며 각양각색의 사연을 만나듯, 일터를 오가는 길에서도 예기치 못한 상황이 벌어진다. 그날도 그랬다. 유품정리를 마치고 사무실로 돌아가던 늦은 오후, 창밖으로는 초록빛 논밭이 끝없이 펼쳐지고 마주오는 차량도 드물었다. 친구들과 잡담을 나누며 "오늘 저녁은 뭘 먹을까?" 이야기하던 평화로운 퇴근길이었다.

 그 순간, 저 멀리서 다가오는 차량 한 대가 눈에 들어왔다. 그 차는 차선 위를 비틀거리더니, 이내 중앙선을 넘어 곧장 우리 쪽으로 역주행하기 시작했다.

"어어, 저 차 이상한데!"

조수석에 있던 봉수가 다급히 외쳤다.

"속도 줄여!"

나는 곧장 브레이크를 밟아 트럭을 갓길로 붙였다. 마주 오던 차량도 요란한 브레이크 소리를 내며 멈춰 섰다. 눈앞에서 대형사고가 날 뻔한 아찔한 순간, 모두가 숨을 몰아쉬었다.

"지금 뭐하는 겁니까? 사람 죽을 뻔 했잖아요!"

놀란 우리가 차에서 내려 상대 차량으로 다가가자, 천천히 열린 문틈 사이로 일흔은 훌쩍 넘어 보이는 할아버지가 힘겹게 내렸다. 처음엔 음주운전이라 생각했지만, 풀린 눈빛과 덜덜 떨리는 손이 먼저 보였다.

"여기가… 어딥니까?"

허공을 더듬듯 내뱉은 한마디에 우리는 말문이 막혔다.

집이 어디냐고 묻자, 이곳에서 30분 이상 떨어진 마을 이름을 힘겹게 말했다. 다시 운전대를 잡게 둘 수는 없었다. 경찰에 연락해 상황을 설명하고, 우리가 직접 집까지 모셔다 드리기로 했다. 사무실과는 반대 방향이었지만, 그래야 마음이 놓일 것 같았다.

  차 안에서 들은 사정은 의외로 단순했다. 할아버지는 점심 무렵 시내에 나왔다가 길을 잃고 이 근처를 계속 맴돌다 고속도로 표지판을 보고서야 잘못 왔음을 알게 되었다는 것이다.
"시내엔 왜 나오셨어요?"
  잠시 망설이던 할아버지의 대답은 뜻밖이었다.
"짜장면이 질려서."
  집 근처에는 중국집 하나뿐이라 늘 짜장면만 먹다가 오늘은 속이 더부룩해, 다른 음식을 먹고 싶어 길을 나섰다는 것이었다.

  집에 도착하기까지 할아버지는 길을 여러 번 헷갈려 한참을 헤맸다. 마침내 도착한 곳은 제법 넓은 양옥집이었다. 현관 앞에서 할아버지는 "물이라도 한 잔 하고 가라"며 우리를 집 안으로 안내했다.

집 안은 정갈했지만 TV 소리 외엔 고요했다.

"사모님은요?" 내가 조심스럽게 묻자,

"부산에 있어. 난 혼자 살아." 담담한 대답이 돌아왔다.

할아버지는 냉장고에서 김빠진 콜라를 꺼내주며 거실 벽에 걸린 표창장을 가리켰다. 철도청에서 근무하며 받은 것이라며 자랑스러운 미소를 지었지만, 곧 그 아래 걸린 가족사진을 바라보며 툭 한마디를 내뱉었다.

"우리 아들이 먼저 갔어."

짧은 말 한마디였지만 그 안에 담긴 세월과 상실감은 이루 말할 수 없었다. 아들의 죽음 이후 아내와 며느리는 부산으로 내려갔고, 그 넓은 집에 홀로 남았음을 짐작할 뿐이었다.

우리는 자리에서 일어서며 몇 번이고 당부했다.

"이제 운전은 정말 그만하세요. 약속하셔야 합니다."

노인은 고개를 끄덕였지만, 현관 앞에 서서 우리가 사라질 때까지 손을 흔드는 모습은 쓸쓸한 잔상으로 남았다.

다음 날, 우리는 할아버지 댁이 있는 지역 행정복지센터에 전화를 걸어 전날의 상황을 전했다. 담당자가 "방문해 잘 살펴보겠다"는 말을 전했지만 여전히 불안했다. 고령 운전이 얼마나 위험한지를 어제 직접 목격했기 때문이다.

뉴스에 등장하는 고령 운전자 사고는 더 이상 낯설지 않다. 가속 페달과 브레이크를 헷갈리고, 도로를 역주행하는 사건은 단순 실수가 아니라 사회적 문제다. 그러나 시골 어르신들에게 무작정 '면허 반납'을 요구하는 게 답일까. 버스는 하루 두세 번뿐이고, 택시조차 잡히지 않는 시골에서 운전은 곧 생존의 수단이었다. 병원에 가고, 장을 보고, 농작물을 실어 나르는 일상이 모두 운전대에 달려 있었다.

고령 운전은 분명 위험하다. 하지만 그날 우리가 만난 노인은 '예비 살인자'가 아니라, 매일 먹던 짜장면이 물려 다른 음식을 찾아 나선 평범한 어르신이었다. 문제는 그 평범한 선택이 우리 모두에게 재앙이 될 뻔했다는 사실이었다.

그날의 경험은 두려움으로 남았다. 지금 우리가 만나는 어르신들의 삶은 그들만의 이야기가 아니라는 것이다. 언제가 우리 부모님이, 혹은 나 자신이 마주할 일이 될 수도 있다는 공포였다. 유품정리를 하며 수많은 노인의 삶의 끝자락을 보지만, 그 안에는 외로움과 설명할 수 없는 사연이 늘 남아 있다. 그래서 나는 자꾸 묻는다. 나의 노년은 어떨까? 존엄을 지킨 채 살아갈 수 있을까? 누군가의 짐이 되지 않고 버틸 수 있을까?

그날 할아버지의 쓸쓸한 손짓을 떠올리며, 나는 조금이라도 덜 막막한 나의 노년을 상상해 본다. 스스로의 존엄을 지키며, 누군가에게 짐이 되지 않는 삶 말이다.

낯선 이별, 땀 비엣(Tạm biệt)[1]

 서늘한 바람이 불던 초가을, 대학가 근처의 한 원룸촌에 도착했다. 비좁은 골목 탓에 트럭을 초입에 세워두고 걸어 올라가자 기다리고 있던 집주인이 우리를 맞았다. 좁은 계단을 올라 4층에 닿을 때까지, 집주인은 짧게 사정을 전해주었다.

 "베트남 학생이 살던 방이에요. 사고로… 참 안됐죠."

---
1 베트남어로 '안녕'이라는 뜻

문이 열리자마자 낯설지만 어딘가 익숙한 향이 코끝을 스쳤다. 과거 인도네시아에서 살 때 집집마다 풍기던 향신료 냄새와 이국적인 꽃향이 뒤섞인, 그 냄새와 닮아있었다. 방 안은 침대와 간이 옷장, 책상 등 최소한의 살림만 놓인 단출한 모습이었다.

그러나 가장 먼저 눈길을 붙잡은 건 입구 한쪽 벽면이었다. 빼곡히 붙은 알 수 없는 언어의 메모들. 정체를 알 수 없어 한참 들여다보고 있는데 집주인이 말을 보탰다.

"이 방 친구 소식을 듣고, 다른 유학생들이 찾아와 글을 남기고 갔어요."

본격적으로 정리를 시작하며 방을 둘러보던 중, 책상 위에 차려진 상차림이 눈에 들어왔다. 만쯤 타다 남은 양초, 고봉밥, 그리고 소주 한 병까지는 제사상처럼 보였지만, 그 사이에 놓인 붉은 람부탄과 용과 같은 열대 과일들은 생경한 풍경을 만들어냈다. 우리가 아는 제사와는 분명 달랐지만, 떠난 이를 위해 올린 자리라는 사실만은 단번에 알 수 있었다. 싱싱한 과일과 정갈하게 놓인 음식들은 며칠 되지 않은 손길의 흔적이었다. 누가 차린 건지는 알 수 없었으나, 누군가 여전히 이곳의 주인을 떠나보내지 못하고 있음을 짐작하게 했다. 함부로 손대는 것이 실례처럼 느껴져 상은 맨 마지막에 정리하기로 하고 다른 곳부터 치우기 시작했다.

침대 밑에서는 낡은 캐리어가, 옷장 위에서는 신발 상자가, 책상 서랍에서는 공과금 고지서와 영수증 뭉치가 나왔다. 짧지만 치열했을 삶의 흔적들이었다. 바로 그때였다. 봉수가 슬며시 다가와 턱으로 맞은편 건물을 가리켰다.
"저쪽에서 누가 계속 쳐다보는데?"

복도로 나가 확인해보니 정말로 맞은편 건물 복도에서 몇몇 청년들이 우리를 뚫어지게 보고 있었다. 처음엔 두세 명이던 인원이 다섯, 여섯으로 늘더니 이내 열댓 명까지 불어났다. 그들은 우리 쪽을 손가락질하며 무언가 웅성거렸고, 그 분위기에 현장은 순간 긴장감이 감돌았다. 서둘러 작업을 이어가는데 갑자기 그들이 우리가 있는 건물로 향하기 시작했다.

쿵, 쿵, 쿵. 계단을 울리는 묵직한 발소리가 가까워지자 모두의 손이 잠시 멈췄다. 곧 문앞에 나타난 건 까무잡잡한 피부와 건장한 체격의 베트남 청년들이었다. 그들 중 한 명이 떨리는 목소리로 어눌한 한국말로 말을 걸었다.

"여기… 우리 친구 집이에요."

그렁그렁 눈물이 맺힌 얼굴. 그 슬픔을 마주하자 우리가 갖고 있던 경계심은 순식간에 무너졌다. 그들은 집 안에 꼭 들어가야 한다며 간청했고, 차마 그 눈빛을 거절할 수 없었다.

방에 들어선 청년들은 곧장 제사상 앞으로 달려갔다. 그리고 정성스럽게 상을 바로잡으며 우리를 돌아보았다.

"우리 문화 있어요. 죽은 사람… 제사 지내요. 방에 이거, 있어야 해요."

어눌한 말투였지만, 그 진심은 충분히 전해졌다. 그들은 눈물을 흘리며 일주일만이라도 이 상을 그대로 두게 해달라고 했다. 잠시 고민했지만, 집주인과 상의 끝에 우리는 그들의 애도를 허락하기로 했다.

이후 방 안은 묘한 풍경으로 변했다. 한쪽에서는 우리가 짐을 빼내고 먼지를 닦았고, 다른 한쪽에서는 친구들이 새 과일을 올리고 기도를 올렸다. 두 개의 서로 다른 시간이 한 공간에서 동시에 흘러가고 있었다. 우리는 발소리를 죽이고, 대화를 낮추며 그들의 추모를 방해하지 않으려 애썼다.

　정리가 마무리되고 방에는 제사상만이 남았다. 처음 들어섰을 때 맡았던 이국적인 향이 이제 달리 느껴졌다. 그것은 향신료나 꽃향기가 아니라, 먼저 떠난 소중한 친구를 애도하는 그리움의 향기였다. 방을 나서기 전, 우리는 차려진 제상 앞에서 잠시 고개를 숙였다.

　밖으로 나오자 친구들이 여전히 건물 앞에 모여 있었다. 눈이 마주치자 어색하게 고개를 끄덕였고, 그 짧은 눈인사 속에서 언어를 초월한 위로가 오갔다. 트럭을 타고 사무실로 돌아가는 길, 희창이가 무심한 듯 말했다.
　"집주인한테 일주일 뒤에 저 상 치우는 것까지 우리가 잘 마무리하겠다고 말해뒀어."

우리가 할 일은 낯선 문화를 모두 이해하려 애쓰는 것이 아니었다. 다만 타국에서 친구를 잃은 청년들이 자신들만의 방식으로 충분히 슬퍼하고, 또 서로 위로할 수 있도록 잠시의 시간을 지켜주는 것. 그 배려 속에 우리가 할 수 있는 가장 깊은 존중과 진짜 '마무리'가 담겨 있었다.

3
떠난 이가 남기고 간 것

망자의 옷

유품정리 의뢰 가운데 가장 흔한 일은 돌아가신 부모님의 집을 정리하는 것이다. 상담을 나누다 보면 자식들은 부모님과 그 집에 대해 의외로 잘 모르는 경우가 많다. 살아계실 때는 수없이 드나들던 집인데, 막상 떠난 뒤에야 처음 보는 물건, 미처 알지 못했던 흔적들이 눈앞에 쏟아져 나온다. 그 낯선 풍경 앞에서 자식들은 부모의 부재를 그제서야 실감하곤 한다. 나는 여러 현장을 거치며 '정리'라는 행위 속에 단순한 청소 이상의 의미, 곧 '떠나보냄을 견디는 시간'이 숨어 있음을 알게 되었다.

  수많은 유품 가운데 가장 조심스럽게 다루는 물건이 있다. 바로 망자가 마지막에 입을 의복, '수의'다. 예전 어르신 세대에는 "수의를 미리 마련해 두면 오래 산다"는 속설이 있어, 살아생전 직접 마지막 옷을 장만하는 경우가 흔했다. 나 역시 어린 시절, 할머니 손을 잡고 동네 어귀의 수의 가게에 따라갔던 기억이 어렴풋이 남아 있다.

  지금은 그런 가게가 거의 사라졌고, 인터넷 검색창에 단어 하나만 입력하면 몇 만 원에서 수천만 원에 이르는 수의를 손쉽게 구할 수 있다. 방식만 달라졌을 뿐, 자신의 마지막을 스스로 준비하려는 마음은 여전히 이어지고 있다. 그래서 현장에서 마주하는 수의는 단순한 옷이 아니라, 한 사람이 자신의 생을 정리하며 남긴 가장 깊은 상징으로 다가온다.

  우리가 처음 수의를 발견한 것은 일을 시작한 지 얼마 안 되었을 때였다. 홀로 지내시던 80대 어르신이 돌아가셨고, 멀리 살던 자녀가 의뢰를 맡겼다. 전화기 너머의 목소리는 무척 지쳐 있었다.

"장례 치르느라 정신이 없어서요. 오래된 물건들은 다 버려주세요. 따로 챙길 건 없습니다."

도착한 집은 오래된 시골 가옥이었다. 손때 묻은 책들, 빛바랜 가족사진, 반질반질 윤이 난 작은 소반…. 어린 시절 할머니 댁을 떠올리게 하는 풍경이었다. 우리는 유족의 요청대로 방을 나누어 정리를 시작했다. 그때 안방 옷장 깊숙한 곳에서 네모반듯하게 개어진 보자기가 나왔다. 한복인가 싶어 조심스레 풀자, 고운 빛깔의 하얀 비단이 드러났다. 형형색색의 한복과 달리 새하얀 빛깔을 보고 단번에 수의임을 알아차릴 수 있었다.

수의를 펼치자 생활감 하나 없는 새하얀 비단 위에 한 땀 한 땀 정성스러운 연꽃무늬가 수놓아져 있었다. 오직 마지막 날을 위해 손수 준비해 둔 것이 분명했다. 나는 조심스레 자수를 쓸어내리며 잠시 멈춰 섰다. '다 버려달라'던 의뢰인의 지친 목소리가 떠올랐다. 괜히 이 옷을 건네면 상처만 더 깊어지는 건 아닐까. 그러나 임의로 처리할 수 없는 물건이라, 결국 수의를 깨끗이 접어 따로 두었다.

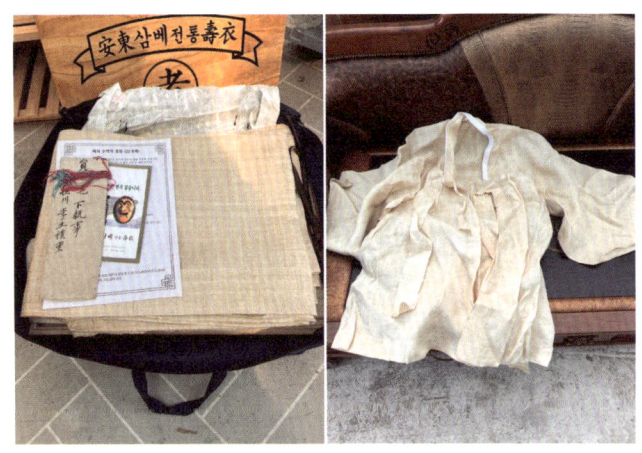

유품정리 현장에서 자주 발견되는 수의들

다음 날, 현장 마무리를 확인하러 온 의뢰인에게 나는 그 보자기를 내밀었다.

"정리 중에 발견했습니다. 저희가 임의로 처리할 수 없는 물건이라…."

그녀는 무심히 보자기를 받아들었다. 하지만 곧 보자기 매듭을 풀자, 무표정하던 얼굴이 순식간에 무너져 내렸다.

"아… 엄마…."

짧은 탄식과 함께 울음이 터졌다. 텅 빈 집 안에 흐느낌이 울려 퍼졌다. 장례식장에서 급히 마련한 수의 대신, 어머니가 손수 준비한 이 옷을 입혀드렸어야 했다며 그녀는 오랫동안 오열했다.

물론 모든 유족이 같은 반응을 보이는 것은 아니다. 수의에 큰 의미를 두지 않고 버려달라는 이도 있고, 되팔겠다며 챙겨가는 이도 있었다. 하지만 공통점이 하나 있다. 수의를 마주하는 순간, 누구든 감정의 동요를 피할 수 없다는 것이다. 나는 그 모습을 볼 때마다 생각한다. 수의는 단순히 '오래 살고 싶은 소망'이 아니라, 남은 이들이 부담 갖지 않길 바라는 마지막 배려가 아닐까.

부모의 삶은 언제나 자식을 향한다. 뒤늦게 발견된 수의 한 벌이 그렇게 가슴을 저미게 다가오는 이유는, 그 일방적인 사랑의 무게를 비로소 실감하기 때문일 것이다. 그래서 때로는 우리의 일이 잔인하게 느껴진다. 슬픔을 덜어내고자 우리를 찾았지만, 정리 과정에서 우리는 그들이 애써 외면하려던 진실을 드러내야 할 때가 있다. 떠난 이의 마지막과 남은 이의 후회를 이어주는, 서글픈 다리 역할을 할 수밖에 없다.

　나는 여전히 수의를 발견하면 잠시 고민에 잠기고, 건네줄 때면 마음이 무겁다. 그러나 그와 동시에 하나의 진리를 배운다. 살아계실 때 부모와 함께한 따뜻한 시간이야말로 그 어떤 값비싼 수의보다 가치 있다는 것을. 그 기억이야말로 서로의 가슴에 남아 오래도록 삶을 지탱할 것이라는 사실을 너무 늦게 깨닫지 않길 바란다.

물건과 대화하는 남자

 그날 우리가 찾은 곳은 세상과 단절된 채 홀로 생을 마감한, 소위 '고독사' 현장이었다. 응답 없는 초인종은 그 집의 침묵을 증명했고, 몇 달째 방치된 우편물은 단절된 시간을 말해주고 있었다. 지독한 무관심 속에 잠겨 있던 그 집의 풍경은 처연했지만, 우리에게는 더 이상 낯설지 않은 장면이었다.

 문을 열자 특유의 무겁고 눅진한 공기가 피부에 스며

들었다. 휑한 방 한쪽 구석에 놓인 의료기기들이 주인의 마지막 시간을 말없이 증언하고 있었다. 우리는 늘 그랬듯 잠시 묵념했다. 또 하나의 삶이 끝난 자리에서 지켜야 할 최소한의 예의이자, 스스로를 다잡는 의식 같은 순간이었다.

가장 먼저 향한 부엌은 한 사람이 살아가기 위한 최소한의 것들로만 채워져 있었다. 낡은 냉장고가 낮은 기계음을 내며 방 안의 고요를 지키고 있었고, 찬장에는 먼지 낀 조미료통과 작은 그릇 몇 개가 전부였다. 식탁 위에는 오래된 약봉지만이 흩어져 있었다.

그때 낡은 냉장고 옆에 붙은 쪽지가 눈에 들어왔다. 병원 예약일이나 약 복용 시간 같은 기록일 거라 생각했지만, 뜻밖에도 메모에는 이렇게 적혀 있었다.

"내일은 치킨을 먹을까?"

순간 고개가 갸웃해졌다. 혼자 사는 이가 남긴 "먹을까?"라는 의문형이 주는 묘한 이질감은 쉽게 지나치기 어려웠다. 냉장고 문을 여니 또 다른 쪽지가 붙어 있었다.

"얼음은 아직 많으니까 괜찮아."

방금 건넨 질문에 대답이라도 하듯 적힌 단정한 글씨였다. 그제야 주인이 냉장고와 대화를 나누고 있었다는 사실을 깨달았다. 순간 피식 웃음이 새어 나왔지만, 그 웃음은 오래 가지 않았다.

거실로 들어서자 더 많은 대화의 흔적들이 보였다. 산소호흡기 위에는 "오늘도 고맙다. 덕분에 밤에 잘 잤다"라는 인사가 붙어 있었고, 혈압계에는 "오늘은 수치가 좀 높네?"라는 혼잣말이 남겨져 있었다. 약 봉투, 밥솥, 텔레비전 리모컨… 집 안 구석구석에는 수십 장의 메모가 붙어 있었다. 그것은 기이할 만큼 따뜻한 풍경이었다. 그는 대화할 이가 없자 사물들과 이야기를 나누며 하루하루를 버텼던 것이다.

이곳저곳 붙어있는 메모를 읽어내려갈수록 가슴이 저릿했다. 생명이 없는 사물들이지만, 그의 눈에는 분명 곁을 지켜주는 동반자로 보였을 것이다. 냉장고는 그의 식사 친구였고, 산소호흡기는 밤을 지켜준 버팀목이었으며,

밥솥은 함께 밥을 나누는 벗이었다. 짧은 문장들은 대답 없는 메아리였지만, 동시에 살아 있음을 스스로 확인하기 위한 작은 신호였을 것이다.

마지막으로 낡은 수납함을 정리하다가 닳아빠진 파스 한 장에 쓰인 글을 발견했다.
"많이 쑤실 때, 내게 붙어 있어라. 시원하게 해주고, 쑤시지 않게 해주렴."

순간 목구멍이 뜨겁게 차올랐다. 그것은 농담 섞인 혼잣말이 아니라, 기댈 곳 없는 한 인간이 내뱉은 절박한 부탁이었다. 그에게 파스는 단순한 진통제가 아니라, 고통을 나누고 마지막까지 '곁에 붙어' 있어주는 유일한 벗이었다.

요즘 우리는 고독사를 농담처럼 말하곤 한다. "나중에 나도 고독사하겠다"라며 웃어넘기기도 한다. 그러나 이곳에서 마주한 것은 결코 가벼운 이야기가 아니었다. 오래도록 이어진 단절 속에서, 아무도 듣지 못하는 말들을 물

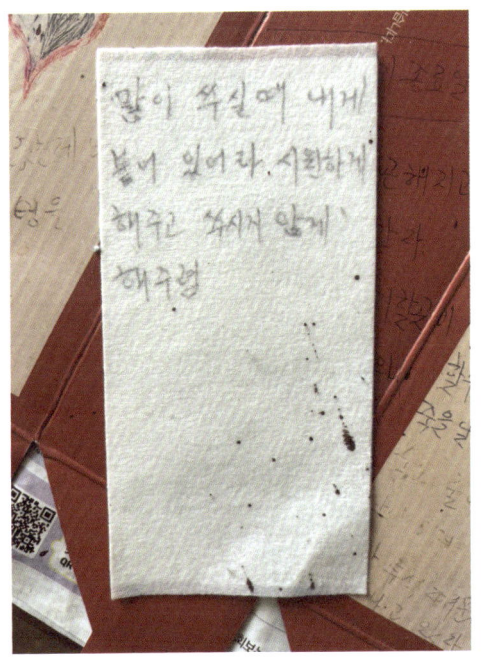

실제 현장에서 발견된 파스

건에 붙여가며 고독을 이겨내려 애쓰던 한 사람이 살고 있었다.

그가 남긴 메모들은 결국 자기 자신을 향한 간절한 격려이자, 하루를 더 살아내기 위한 짧은 기도였다. 작은 인사 한마디, 사소한 대화 한 줄이 한 사람의 삶을 지탱하는 마지막 온기일 수 있다는 사실을, 이 방이 보여주고 있었다.

그는 고독 속에서도 결코 차갑지 않았다. 마지막 순간까지 자신의 곁을 지켜주던 물건들에게 따뜻한 말을 건네며 위로를 주고받았다. 누군가에게 버려진 삶처럼 보였을지라도, 그의 하루는 결코 공허하지 않았다. 남겨진 쪽지들은 고독이 아니라 온기였다. 외로움마저 따뜻함으로 바꾸어낸 그의 마음은 지금도 그 방 어딘가에 남아, 조용히 우리에게 말을 걸고 있는 듯하다.

된장, 고추장, 간장, 그리고 '끝장'

 "저기… 혹시 장독대도 운반이 가능할까요?"
 수화기 너머로 들려온 목소리는 무척 조심스러웠다. 이삿짐센터에서 거절당했거나 혼자서는 도저히 감당할 수 없는 물건을 옮겨달라는 부탁은, 유품정리를 주업으로 하는 우리에게 종종 들어오는 일이었다. "네, 가능합니다. 크기는 얼마나 되나요?" 내가 대답하자 수화기 너머로 긴 한숨 소리가 흘러나왔다. 그런데 그 한숨 속에 묘하게 깊은 사연이 담겨 있는 듯했다.

잠시 망설이던 그녀는 결국 진짜 사정을 털어놓았다.

"사실… 대형 장독 세 개인데요. 안동에 있는 집에서 서울까지 옮겨야 해요."

안동에서 서울. 머릿속에 익숙한 지도가 펼쳐지고 거리와 시간이 자동으로 계산되었다. 하지만 문제는 거리가 아니었다. 잠시 후 이어진 말에 우리는 모두 말문이 막혔다.

"그런데 그냥 빈 항아리가 아니에요. 어머니가 직접 담가두신 된장, 간장, 고추장이 들어있어요. 돌아가시기 전에 손수 담가놓으신 거라… 도저히 버리고 갈 수가 없어서요."

솔직히 말해 망설여졌다. 장독은 그저 무거운 가구 몇 점을 옮기는 수준과는 전혀 달랐다. 본래 장독은 한자리에 뿌리를 내리고 수십 년을 버티도록 만들어진 물건이지, 이리저리 옮기라고 만든 것이 아니다. 손잡이 하나 없이 매끈한 항아리는 성인 남성이 팔을 벌려도 다 감싸지 못할 크기였고, 안에 가득 담긴 된장과 간장, 고추장의 무게까지 생각하면 엄두가 나지 않았다. 작은 기울임에도 내용물이 출렁이며 균형을 잃고, 발효 냄새가 틈새로 새어 나올 수 있다. 만약 장거리 운송 중에 장독들이 서로 부딪히기라도 한다면? 상상만으로도 아찔했다. 그야말로 '끝장'이었다. 거절해야겠다는 마음이 거의 굳어지려던 찰나, 의뢰인의 목소리가 다시 이어졌다.

"운반비는 얼마가 들어도 괜찮아요. 엄마가 저한테 남기고 가신 마지막 선물이거든요."

'마지막 선물.' 그 한마디에 모든 계산이 무너졌다. 세상의 모든 '안 되는 이유'를 압도하는 단 하나의 '해야만 하는 이유'였다. 유품정리사라는 직업을 가진 우리는 안다. 물건에 깃든 사연의 무게 앞에서는 어떤 장사도 없다는 것을. 결국 내 입에서 흘러나온 말은 단순했다.

"알겠습니다. 저희가 어떻게든 옮겨 드릴게요. 주소보내주시면 시간 맞춰 방문하겠습니다."

옆에서 듣고 있던 봉수와 희창이의 얼굴엔 곧장 난감한 기색이 드러났다.

봉수가 먼저 입을 열었다.

"이건 진짜 아닌 것 같은데… 옮기다가 우리 허리가 나가든가, 차가 부서지든가 할 거야."

하지만 내 얼굴을 읽던 희창이가 나를 거들었다.

"그래도 '마지막 선물'이라잖아. 우리가 해야지."

결국 우리는 며칠 동안 머리를 맞대고 방법을 고민했다. 두꺼운 담요와 질긴 로프, 허리를 지켜줄 보호대까지 챙긴 뒤, 드디어 결전의 날을 맞았다.

안동의 한적한 시골 마을. 구불구불한 논길 끝에 자리한 고즈넉한 한옥에 도착하니, 아직 슬픔이 가시지 않은 듯한 표정의 의뢰인이 우리를 맞이했다. 마당 한쪽엔 터줏대감처럼 자리한 장독 세 개가 우리를 기다리고 있었다. 사진으로 미리 봤지만, 실물은 훨씬 더 위압적이었다. 세월의 흔적이 고스란히 새겨진 장독은 의뢰인의 말처럼 정말 '선물' 같아 보이기도 했다.

"순서대로 된장, 간장, 고추장이에요. 조심하세요."

첫 번째 목표는 된장독. 반쯤 차 있어서 상대적으로 만

만해 보였다. 뚜껑을 열자 구수한 냄새가 확 퍼졌다. 희창이가 자신 있게 나섰다.

"이건 내가 혼자도 들 수 있지."
 그러나 항아리 밑동을 잡고 들썩이는 순간, 위풍당당하던 얼굴이 경직되었다.
"오우… 이거 장난 아닌데?"
 트럭까지 불과 몇 미터. 그러나 그 짧은 거리를 옮기는 동안 그의 팔다리는 사시나무처럼 떨렸다.
"이거 지금 깨지면 어떻게 되는거냐?"
 익살스러운 표정을 지으며 애써 농담을 던지는 희창이의 말에 아무도 웃어보이지 못했다.

 다음은 간장독. 검은 액체가 뚜껑 바로 밑까지 차올라 있었다. 봉수가 랩으로 뚜껑과 몸통을 여러 겹 감고 로프로 동여맸지만 불안하기 짝이 없었다. 수평을 맞추기 위해 내가 한쪽을 붙들고 봉수가 다른 쪽을 잡았다. 몇 발자국 남겨둔 순간, 장독이 살짝 기우는 바람에 간장 한 줄기가 봉수의 신발 위로 흘러내렸다.

"아…"

봉수의 나지막한 탄식. 신발 위에 번지는 짭짤한 냄새는 앞으로의 여정을 예고하는 듯했다.

마지막은 고추장독. 가득 차 있지는 않았지만, 끈적하고 밀도 높은 질감 때문에 무게가 더 묵직하게 전해졌다. 결국 셋이 함께 들어야 했다. 그렇게 300kg 가까운 무게의 장독 세 개가 트럭에 올려졌다.

안동을 떠나 도로에 오른 시간은 오전 11시. 서울까지 세 시간 거리였지만, 그날은 다섯 시간이 넘게 걸렸다. 우리가 낼 수 있는 최고 속도는 고작 60km, 모든 길이 장애물처럼 느껴졌다. 방지턱을 넘을 때마다 숨을 죽였고, 뒤에서 '쿵' 소리가 들릴 때마다 심장이 철렁 내려앉았다. 운전대를 잡은 봉수의 이마에는 땀이 줄줄 흘렀다. 휴게소에 들를 엄두조차 내지 못한 채, 차 안은 봉수의 신발에서 올라오는 간장 냄새로 가득 찼다.

마침내 서울의 아파트 단지에 도착했을 때, 의뢰인의 얼굴이 보이는 순간 긴장이 풀리며 온몸의 힘이 빠졌다.

"아이고, 이렇게 먼 길을… 정말 죄송하고 감사해요."

연신 미안해하는 의뢰인 앞에서 우리는 마지막 힘을 짜내 장독을 베란다에 내려놓았다. 화초 사이에 자리한 세 개의 장독은 마치 새로운 뿌리를 내린 듯했다. 그 모습을 바라보던 의뢰인의 눈가가 붉어졌다.

"다 버려도 엄마 장은 버릴 수가 있어야죠. 살아계실 땐 그렇게 짐 같았는데… 이제 와서 왜 이렇게 발목을 잡는지."

우리는 아무 말도 하지 못한 채 고개만 끄덕였다. 허리는 욱신거렸지만 마음은 이상하게 가벼웠다. 다시 안동으로 향하는 길, 몇 시간 전 그 길과는 전혀 달랐다. 긴장과 불안이 사라지자 웃음이 터졌다. 봉수의 신발에서 올라오던 찌릿한 간장냄새와 우리 몸에 밴 묘한 장냄새가 구수하게만 느껴졌다.

"저녁으로 된장찌개나 먹을까?"

모두가 동시에 웃음을 터뜨렸다.

그 장독에 담긴 무게를 감히 헤아릴 수 있을까. 그것은 단순한 발효 음식의 무게가 아니었다. 세월과 정성이 담긴 삶의 무게였고, 어머니가 자식에게 남긴 한없이 둥그런 사랑의 모양이었다. 우리는 그 무게를 알기에, 단순히 '옮긴다'는 마음으로는 임할 수 없었다.

혹여 깨뜨리거나 흘려버릴까 조심스레 손끝에까지 온 신경을 세웠고, 허리가 휘고 땀이 쏟아져도 끝내 포기하지 않았다. 그날 우리는 그 일을 '끝장' 보겠다는 각오로 온몸을 다해 붙잡았다. 결국 무사히 옮겨진 장독 세 개는 우리에게 단순한 유품이 아니라, 유품정리사로서 끝까지 책임을 다한 증거이자 한 가족에게 건네준 진심이었다.

주행거리 64km

 사람의 성격은 표정에서 드러나고, 습관은 집이 보여준다.

 그날도 오후 현장이 예상보다 일찍 끝나 퇴근하려던 순간, 경산에서 전화 한 통이 걸려왔다. 아버지와 며칠째 연락이 닿지 않자 자녀들이 경찰과 함께 집 문을 열었고, 잠든 듯 평온하게 세상을 떠난 아버지를 발견했다며 아버지의 집을 정리해 달라는 의뢰였다.

현관에 들어서자 낡았지만 반듯하게 관리된 가구와 가전, 자로 잰 듯 가지런히 놓인 물건들이 눈에 들어왔다. 베란다에는 난초들이 여전히 꽃을 피우거나 푸른 잎을 흔들며 주인을 기다리고 있었다. 먼지 하나 없는 책상과 정갈한 서재의 분위기 속에서, 살아생전 고인의 성품과 습관이 고스란히 전해졌다. 검소하고 단정한 사람의 마지막 장면이 그대로 남아 있었다.

우리는 그 정갈한 공간의 분위기를 흐트러뜨리지 않기 위해 조심스럽게 작업을 시작했다. 옷장에는 비슷한 색의 폴라티 몇 벌과 칼같이 다려진 바지 몇 장이 전부였다. 안방 서랍에는 닳아빠진 손톱깎이와 오래된 약봉지가 가지런히 들어 있었다. 평생 자녀들을 뒷바라지하며 자신을 위해서는 돈 한 푼 허투루 쓰지 않았다는 아들의 말이 결코 빈말이 아님을 공간이 증명하고 있었다. 그렇게 그는 조용히 삶의 마지막 페이지를 덮은 듯 보였다.

그러던 중, 작은 서랍장 깊숙한 곳에서 낯선 물건 하나가 손에 잡혔다. 은은한 크롬 광택, 날렵한 유선형 디자인, 중앙에 박힌 외제차 엠블럼. 값비싼 최신형 차량의 스마트키였다. 집안의 분위기와는 어울리지 않는 물건이었다. 혹시 자녀들 것인가 싶어 전화를 걸었다.

"혹시 OO 차량 스마트키, 자녀분들 것일까요?"
수화기 너머 아들은 당혹스러워했다.
"예? 저희는 그런 차가 없는데요. 아버지도 얼마 전에 차를 처분하셨는데…"
잠시 뒤, 다시 걸려온 그의 목소리는 떨리고 있었다.
"확인해봤는데… 아버지 명의로 등록된 차가 맞다고 합니다. 그것도 출고된 지 일주일 된 새 차라고… 혹시, 확인 좀 부탁드려도 될까요?"

우리는 작업을 멈추고 지하 주차장으로 내려갔다. 적막한 공간에서 스마트키 버튼을 누르자, 저 멀리 구석에서

'삐빅' 소리와 함께 헤드라이트가 반짝였다. 그곳에는 짙은 남색 세단이, 먼지 하나 없이 빛나는 광택을 뽐내며 주인을 기다리고 있었다. 문을 열자 비닐조차 뜯지 않은 시트와 보호필름이 붙은 화면이 눈에 들어왔다. 시동 버튼을 누르자 계기판에 숫자가 떴다.

'총 주행거리 64km.'

차량 전시장에서 이 아파트 주차장까지 달린 거리, 아마도 딱 그 정도의 거리일 것이다. 반듯하고 검소한 삶을 살아온 그가 왜 마지막 순간에 이런 선택을 했을까. 평생 품어온 드림카였을까, 아니면 고생한 자신에게 처음이자 마지막으로 허락한 선물이었을까. 혹은, 아직 가보지 못한 곳을 향해 단 하루라도 달려보고 싶었던 것일까. 그가 홀로 운전대를 잡고 집으로 향하던 64km 동안 품었던 생각을 우리는 끝내 알 수 없다. 평생의 망설임 끝에 내딛은 아버지의 첫걸음이자 마지막 발자국이 반짝반짝한 외제차로 남았다.

아들에게 차를 찾았다고 전하자, 그는 한동안 말을 잇지 못했다. 아버지가 외제차를 구입했다는 사실보다, 그 모든 과정을 가족 누구에게도 알리지 않고 혼자 준비했다는 사실에 더 큰 충격을 받은 듯했다. 차키 하나가 남긴 울림은 단순히 자동차라는 물건의 의미를 넘어섰다. 그것은 '아버지'라는 이름 뒤에 가려져 있던 한 인간의 소망이자, 마지막으로 남긴 작은 고백 같았다.

유품정리 현장은 종종 삶의 끝이 아니라 무언가를 막 시작하려던 순간과 마주하게 한다. 포장을 뜯지 않은 택배 상자, '내일부터…'라고 적힌 일기, 미처 가보지 못한 여행지의 사진들, 그리고 이날의 새 차키까지. 사람은 죽음을 앞두고도 오늘을 마지막이라 여기지 않는다. 누구나 내일을 꿈꾸며 살아간다.

그래서 멈춰버린 주행거리 64km는 허망한 숫자가 아니다. 그것은 남겨진 이들에게 묻는다. 우리는 자신을 위한

'64km'를 얼마나 미루고 있는가. 내일로 미뤄둔 행복은 없는가. 고인의 마지막 선택은 단순한 사치가 아니라, 우리 모두에게 던지는 묵직한 메시지였다. 물질은 언제든 사라지지만, 그 순간 품었던 설렘과 용기는 남는다. 결국 그가 남긴 진짜 유산은 자동차가 아니라, '망설이지 말고 오늘을 살라'는 울림이었다.

맥주병의 바다

 화재 청소 의뢰를 받고 달려간 곳은 경북 영주의 한 오래된 아파트였다. 현관 앞에 다다르자 매캐한 탄내가 보이지 않는 벽처럼 우리 앞을 가로막았다. 코와 목을 파고드는 강렬한 냄새에 저절로 숨이 막혔다.

 불이 난 곳은 40대 남성이 홀로 살던 집. 안타깝게도 화마 속에서 빠져나오지 못했다는 사연에 현장으로 향하는 내내 마음이 무거웠다. 우리에게 청소를 의뢰한 이는 고인의 누나였다. "수십 년 만에 동생 소식을 이렇게 들게 될 줄은 몰랐다"는 그녀의 한마디는 현장의 잿더미보다 더 무겁게 마음을 짓눌렀다.

 문을 열자, 온통 까맣게 그을린 벽이 시야를 압도했다. 방진마스크를 뚫고 들어오는 텁텁한 공기로 숨이 가빠졌다. 그러나 이내 고개를 돌려 방 안을 살핀 우리는, 불길의 흔적보다 더 충격적인 풍경 앞에 말을 잃었다.
 방마다 발 디딜 틈조차 없이 무언가가 파도처럼 밀려 있었다. 처음엔 불에 탄 집기들이 뒤엉킨 것이라 생각했으나, 자세히 보니 그것은 다름 아닌 쓰레기. 그리고 그 압도적인 다수는 똑같은 상표가 붙은 맥주 페트병이었다. 성인 남성의 무릎 높이까지 쌓여 현관문 앞까지 출렁이며 밀려 나온, 오랜 세월 그의 삶을 잠식한 '맥주병의 바다'였다.

 동료들도 경악하며 중얼거렸다.
 "사람이 혼자 마신 게 맞는 거야…?"
 "이 정도면 거의 공장인데…"

바닥에 깔린 대부분의 쓰레기가 맥주병이었던 그날의 현장

이후 들은 이야기는 그 비현실적인 풍경에 차가운 현실감을 더했다. 그는 이름만 들어도 알 만한 기업에 다니던 직장인이었다. 겉으론 번듯한 사회생활을 했지만, 그 이면에 어떤 그림자가 드리웠는지는 이제 누구도 알 수 없다. 가족과의 왕래는 오래전에 끊겼고, 불이 나면서 비로소 그의 소식이 가족에게 닿았다. "솔직히 저도 동생이 어디 사는지 몰랐어요. 연락 끊긴 지가 오래라…" 누나는 잘 부탁한다는 짧은 당부만 남기고 현장을 보지 않고 발길을 돌렸다.

화재의 발화점은 안방의 침대였다. 잿더미 속에서 유독 많이 보이는 녹아내린 플라스틱 덩어리를 보며 끔찍한 상상을 떨칠 수 없었다. 이 수많은 병들이 불길에 휘말려 뿜어냈을 유독가스가 얼마나 빠르게 폐쇄된 공간을 뒤덮었을까. 그를 위로했던 숱한 병들이 결국 마지막 순간엔 탈출을 가로막은 유독한 벽이 되어버린 것이다. 마지막이 얼마나 고통스러웠을지 차마 짐작하기조차 어려웠다.

본격적인 청소는 사투에 가까웠다. 방진복을 입고 마스크를 썼지만 잿가루와 분진은 끊임없이 틈새로 파고들었다. 보통 현장은 20~30개 마대자루면 충분하다. 그러나 이곳은 50개가 넘는 마대를 꽉꽉 채워도 모자랐다.

끝이 보이지 않는 플라스틱 터널을 뚫고 들어가는 듯했다. 병들을 자루에 퍼 담는 동안, 적막한 공간에는 병들이 서로 부딪히며 내는 공허한 울림이 끊임없이 맴돌았다. 그 소리는 마치 바닷가 밀려왔다가 다시 사라지는 파도소리처럼 귓가를 때렸다.

온 방을 가득 메운 병들을 치우고 나자 비로소 바닥이 드러났다. 거대한 쓰레기 바다에 잠겨 있던 그의 살림살이는 놀라울 만큼 단출했다. 옷 몇 벌이 걸린 작은 옷장, 책 몇 권이 꽂힌 책장 하나. 그것이 끝이었다. 그 거대한 고독의 잔해 속에 파묻혀 있던 건, 결국 지극히 소박한 한 사람의 생활 공간이었다.

이날 50개가 넘는 마대자루를 맥주병으로 채웠다.

수백 개의 빈 병이 마대에 담겨 밖으로 옮겨질 때, 문득 영화 속 한 장면이 스쳤다. 누군가 망망대해에 홀로 남아 구조신호를 보내려 빈 병에 쪽지를 넣어 강이나 바다에 띄우는 장면. 어쩌면 그가 남긴 수많은 맥주병들도, 누구에게도 닿지 못한 구조 신호였던 것은 아닐까. 하지만 그 신호는 끝내 불길과 함께 사라져버렸다.

사람들은 흔히 "술이 외로움을 달래준다"고 말한다. 그러나 그날 현장을 본 사람이라면 생각이 달라졌을 것이다. 술은 고독을 달래주지 못했다. 오히려 지독한 고독의 증거로 남아, 불길 속 마지막 순간까지 그의 발목을 붙잡았다. 현관 앞까지 밀려 나온 수천 개의 빈 병들은, 그가 세상에 남긴 마지막 외침이자 고독의 잔해였다. 그리고 텅 빈 병이 힘없이 굴러가며 내던 그 공허한 소리가 아직도 내 귓가에 선명하게 울리고 있다.

다만 한 가지 바람이 있다면, 그가 홀로 쌓아 올린 이 맥주병의 바다가 단지 고독의 증거로만 남은 것이 아니라, 삶의 마지막 순간에라도 차가운 물결이 되어 그의 지친 몸을 시원하게 적셔주었기를. 불길이 삼켜버린 그 방 안에서, 오로지 그에게만은 잠시라도 평온한 바다였기를 바란다.

4
우리가 마주한 장면들

삼가조의

"쌓아두고 있으면 뭐하나 싶어서… 이젠 정리하려고요."
 전화기 너머 목소리에는 저마다의 사연과 긴 망설임이 묻어 있다. 집은 단순히 잠을 자고 밥을 먹는 공간이 아니다. 살아온 시간, 관계, 추억이 층층이 쌓인 자리이기 때문이다. 그래서 우리는 현장에 들어가기 전, 늘 당부한다. "필요한 물건이나 귀중품은 먼저 직접 챙겨두세요." 그러나 대부분의 유족들은 이렇게 말한다.
 "별거 없을 겁니다. 그냥 다 버려주세요."

하지만 우리는 안다. 정리란 단순한 폐기 작업이 아니라 애도의 또 다른 형태라는 것을.

한번은 70대 할머니의 집을 정리하던 때였다. 자녀분은 필요한 건 이미 챙겼다며 서둘러 우리를 들여보냈다. 그런데 장롱 위 먼지 낀 상자 속에서 낡은 머리핀과 빛바랜 흑백사진 몇 장이 나왔다. 순간 자녀분은 상자를 붙잡고 오열했다.
"우리 엄마 젊었을 때 사진이네…, 이걸 왜 안 챙겼을까…."

우리는 그런 장면을 수도 없이 지켜보았다. 고인의 흔적 앞에서 '정리'는 곧 '떠나보냄을 견디는 시간'이 된다. 처음에는 "그냥 다 버려달라"던 유족도 막상 현장에서 고인의의 물건을 마주하면 마음이 바뀐다. 낡은 전기밥솥 하나, 오래 쓰던 안경 하나를 앞에 두고 쉽게 손을 떼지 못한다. 물건 속에 배어 있는 세월과 감정이 그들을 붙잡기 때문이다.

그래서 우리는 유족과 함께 현장을 돌며 충분히 상의한다. 어디서부터 어디까지 정리할지, 무엇을 남기고 무엇을 비울지. 이 과정은 단순한 분류가 아니라 고인과 남은 이들이 마지막으로 대화를 나누는 시간이기도 하다.

정리 과정은 보통 세 단계다.
첫째, 분류. 버릴 것, 재활용할 것, 보관할 것을 나눈다. 귀중품은 따로 모아 유족에게 건넨다.
둘째, 폐기물 처리. 대형 폐기물은 스티커를 부착해 지정일에 배출하고, 재활용품은 종류별로 분리한다. 양이 많을 경우 트럭이 여러 차례 오간다.
셋째, 청소. 바닥의 얼룩을 닦고 창틀 먼지를 지워내면 비로소 집은 제 모습을 드러낸다. 그때 유족들이 종종 말한다.

"이렇게 깨끗한 집이었는지 몰랐네요."
그 말 속에는 기쁨보다 허전함이 배어 있다. 공간은 제 모습을 되찾았지만, 그곳에 있어야 할 이의 부재가 더욱 선명해지기 때문이다.

물론 처음부터 이런 태도를 가졌던 것은 아니다. 첫 고독사 현장은 지금도 생생하다. 굳게 닫힌 창문, 무겁게 가라앉은 공기. 그 낯선 정적 속에서 처음으로 깨달았다. 외로움은 공간에도 스며든다는 사실을. 정리를 마친 뒤 한동안 아무 말도 할 수 없었다. 허락도 없이 타인의 삶을 들여다본 것 같은 죄책감과 죽음이 남긴 무게는 며칠간 마음을 짓눌렀다. "이 일을 계속할 수 있을까"라는 회의감마저 들었다.

그러던 어느 날, 오랜만에 만난 친구와의 저녁 자리에서 고민을 털어놓았다. 친구는 잠자코 듣다가 툭 한마디를 던졌다.
"네가 하는 일인데 불편해하면 어떡해. 그러면 의뢰한 사람도, 떠난 사람도, 너도 다 힘든 거 아니야?"

순간 뒤통수를 맞은 듯 멍해졌다. 죄책감은 고인이나 유족을 위한 것이 아니라 나 자신에게 집중된 감정이었다. 그 마음이 오히려 누군가의 마지막을 정중히 정리하는 데 방해가 될 수도 있다는 걸 깨달았다.

그때 결심했다. 유품정리사의 태도는 '침입자'가 아니라, 마지막 길을 배웅하는 '조문객'이어야 한다. 그래서 우리는 현장에 들어가기 전, 함께 잠시 눈을 감고 묵념한다. 이름조차 모르는 고인을 향한 짧은 조의다.

이 의식은 곧 우리의 약속으로 이어진다.
"일동 묵념.
삼가 고(故) ○○○님의 명복을 빕니다.
저희 ○○○는 20○○년 ○월 ○일, 고인께서 사용하시던 유품을 정리하기 위해 이 자리에 섰습니다. 잠시 소란스러울 수 있으나, 모든 과정은 고인을 정성껏 마지막으로 모시기 위함이오니 너그러이 이해주시기를 바랍니다. 고(故) ○○○님의 평안한 안식을 깊이 기원합니다. 일동 묵념."

짧은 묵념은 우리 스스로 마음을 다잡게 하고, 지금 우리가 누구의 삶 앞에 서 있는지를 잊지 않게 한다. 곁에서 지켜보던 의뢰인들은 종종 소리 죽여 눈물을 흘린다. 그 눈물 속에는 사랑하는 이가 낯선 이들에게조차 존중받는다는 안도감과, 끝내 다 해주지 못한 채 떠나보내야 하는 슬픔이 교차한다.

 우리는 그 모습을 마주할 때마다 다짐한다. 마지막 순간까지 존중을 잃지 않는 것. 그것이 '삼가조의(謹弔)'의 참뜻이며, 우리가 이 무거운 일을 계속 이어갈 수 있는 이유다.

실제 유품정리 전 삼가조의 장면

"당신들 자리 없어요"

  문을 열자마자 코끝을 찌르는 퀴퀴한 냄새와 발 디딜 틈 없는 쓰레기 더미가 눈앞에 펼쳐졌다. 숨을 고를 틈도 없이 마스크를 고쳐 쓰고 곧장 몸을 움직였다. 오늘 우리가 맡은 일은 지자체와 연계한 봉사활동으로, 거동이 힘든 어르신들의 집을 정리하는 현장이었다. 집 안은 먼지와 곰팡이, 쌓인 세월의 냄새가 뒤섞여 있었지만 우리는 허리를 펼 새도 없이 쉴 틈 없이 움직였다. 땀이 비 오듯 흘러내렸고, 온몸은 금세 먼지투성이가 되었다.

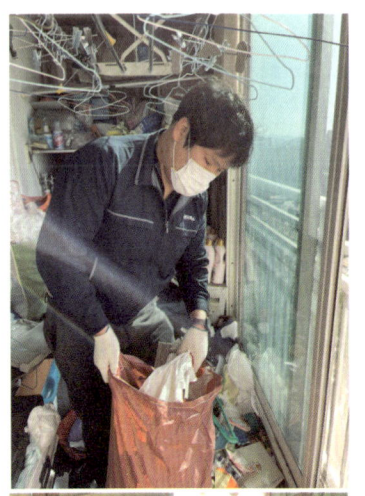

평소 우리의 작업 모습

누군가의 배꼽시계가 요란하게 울리고서야 봉수가 먼저 장갑을 벗으며 말했다.
"야, 이제 점심 먹어야지. 안 그러면 오후에 일 못한다."

나는 서둘러 휴대폰 지도 앱을 켜 근처에 있는 백반집을 찾아냈다. 트럭을 타고 도착한 식당은 깔끔한 간판에 입구에서부터 정겨운 된장국 냄새가 풍겨왔다. 허기진 배를 채울 생각에 들뜬 우리는 서둘러 안으로 들어갔다. 그러나 주방에서 인기척을 듣고 나온 주인이 손사래를 치며 말했다.

"오늘 예약 다 찼어요! 자리 없어요."
안쪽 테이블은 텅 비어 있었지만, 그 목소리는 더 말을 붙일 수 없을 만큼 단호했다. 우리는 잠시 서로를 쳐다보다, "아, 알겠습니다." 하고 짧게 답한 뒤 조용히 밖으로 나왔다. 문이 닫히는 순간, 등 뒤로 무언의 시선이 따라붙는 듯한 찝찝함이 느껴졌다. 말하지 않아도 알았다. 작업복에 묻은 먼지, 몸에 밴 현장의 냄새. '자리 없음'은 곧 '당신들은 환영하지 않는다'는 뜻이었다.

다시 트럭에 올라타 다른 식당을 찾는 동안, 누구도 먼저 입을 열지 않았다. 허탈감이 차 안에 가득 흘렀다. 결국 길가의 편의점에 들러 도시락을 사서 벤치에 앉았다. 어색한 분위기를 풀어보려 희창이가 일부러 목소리를 높였다.

"야, 그 가게 안 가길 잘했다! 편의점 도시락 퀄리티 너무 좋은데? 오히려 좋다!"
 봉수도 맞받아쳤다.
 "맞아. 우리 꼴 좀 봐. 나라도 예약 찼다고 하겠다."
 우리는 억지로 웃음을 터뜨렸지만 웃음 끝은 씁쓸했다. 도시락의 맛은 괜찮았지만, 마음속 허기는 쉽게 채워지지 않았다.

집으로 돌아오는 길, 짐짓 희창이가 진지한 목소리로 말했다.
 "내가 병원에 있을 땐 다들 '선생님' 하면서 깍듯이 대했는데, 지금은 '야, 이것 좀 치워' 하는 사람도 있어. 사람 돕는 일은 매한가지인데, 겉으로 보여지는 게 참 중요하구나 싶다니까."

희창이의 말처럼 우리가 하는 일은 사람들의 호기심과 두려움을 동시에 산다. 작업 현장에서는 "저 집 고독사라던데…" 하는 수군거림이 들리고, 어떤 이들은 죽음의 흔적을 마주하는 우리를 저승사자라도 본 듯 피해 간다. 때로는 이런 시선이 우리를 낙인처럼 따라다닌다. 하지만 우리는 안다. 우리가 하는 일이 단순히 쓰레기를 치우는 일이 아니라, 삶의 마지막 순간을 정리하고 남겨진 이들의 슬픔을 조금이나마 덜어주는 일이라는 것을. 혹은 쓰레기 더미 속에 갇힌 누군가에게 세상으로 향하는 문을 다시 열어주는 일이라는 것을 말이다. 세상에서 가장 낮은 곳에서 인간의 존엄을 지켜내는 일, 그것이 우리의 사명이다.

비록 오늘은 식당에서 '자리 없다'는 말을 듣고 돌아섰지만, 또 다른 날은 우리의 등을 두드리며 "청년들이 참 좋은 일 하시네"라고 격려해주는 분들도 있다. 그 따뜻한 격려 하나가 오늘 같은 날의 씁쓸함을 모두 씻어준다. 언뜻 스쳐가는 말 한마디가, 우리의 땀방울을 다시 빛나게 해준다.

때로는 생각한다. 왜 하필 이 일이어야 했을까. 그러나 곧 답을 찾는다. 누군가는 반드시 해야 할 일이고, 우리는 기꺼이 그 '누군가'가 되기로 선택했기 때문이다. 죽음을 대하는 이 무겁고 고단한 일을 당당히 이어가는 것이, 젊은 우리가 세상에 내놓을 수 있는 가장 떳떳한 대답이라고 믿는다.

어느새 차 안은 각자의 생각으로 조용해졌다. 창밖의 논밭이 스쳐 지나가고, 노을빛이 차창을 물들였다. 그날의 고단함과 쓸쓸함을 모두 녹여내듯 봉수가 나지막이 말했다.
"그래도 우리 하는 일이 참 대단하지 않냐?"
희창이가, 그리고 내가 거의 동시에 대답했다.
"응. 이만큼 떳떳한 직업이 또 어딨어."

언젠가 더 많은 이들이 우리의 일을 존중의 눈빛으로 바라보게 될 그날까지, 우리는 오늘도 장갑을 끼고 묵묵히 현장으로 향할 것이다. 이것이 우리가 선택한 길이고, 당당한 청춘의 이름으로 끝까지 걸어가야 할 길이다.

잔인한 호기심

 어느 시골 마을의 한적한 골목 끝, 단정한 외관의 단독 주택이 오늘의 작업 현장이다. 이곳에서 홀로 지내던 한 할아버지께서 돌아가시자, 서울에서 일하는 아들이 직접 유품을 정리할 시간이 없다며 우리에게 의뢰를 맡겼다.

 우리는 미리 열어둔 대문을 지나 마당에 장비를 꺼내 놓고 작업을 시작했다. 창고에 물건이 많으니 정리를 부탁한다는 말에 따라 낡은 자개장, 텔레비전, 밥상, 책 묶음을 하나씩 꺼냈다. 오랜만에 햇빛을 본 물건들은 세월의 먼지를 뒤집어쓴 채 마당에 줄지어 놓였다.

 분주히 물건을 옮기던 중, 지나가던 동네 사람들이 하나둘 관심을 보였다. 흘깃거리는 시선이 대문을 넘어 노골적으로 마당의 물건들에 꽂히는 것을 알 수 있었다. 우리는 서둘러 작업을 재촉했지만, 이내 대문 앞에 서성이던 한 아주머니가 성큼 마당 안으로 들어왔다. 그리고 골목에서 머뭇거리던 다른 주민들이 약속이라도 한 듯 뒤따라 들어왔다. 그들은 마당에 꺼내둔 물건들을 집어 들며 말했다.

"이거, 내가 예전에 빌려준 접시 아냐?"
"이 의자, 우리 집 거랑 똑같네. 이 집에서 가져간 게 맞을 거야."
"아이고, 이거 내가 갖다 준 거네. 원래 내 거지."

 확인할 길 없는 말들이 오갔고, 주인 없는 집이라는 이유로 여러 물건들이 눈 깜짝할 사이에 사라졌다. 멀쩡한 가전제품부터 버리려 모아둔 잡동사니까지 순식간이었다. 우리는 '할아버지네 친구'라고 자칭하던 이들을 쫓아다니며 가져간 물건을 되찾느라 진땀을 흘려야 했다. 겨우 물건을 되찾고 대문을 닫았을 땐 이미 진이 다 빠져 있었다. 그런데 다시 정리를 시작하려 하니, 우리가 가져온 카트와 청소도구까지 보이지 않았다. 온 마을을 뒤져 돌려달라 사정했지만 소용없었다. 결국 경찰을 불러 상황을 마무리해야 했다.

뒤늦게 현장에 도착한 의뢰인은 황당한 광경을 보며 한숨을 내쉬었다.
"이 동네가 원래 이래요. 시골 인심 다 옛말입니다. 정말 죄송합니다."
의뢰인의 사과에도 그 씁쓸함은 지워지지 않았다.

우리에게 그들의 출입을 통제할 권한은 없지만, 인간으로서 반드시 지켜야 할 선은 있다. 그러나 그 선을 아무렇지 않게 넘으며 '호기심'이라는 얼굴로 상처를 남기는 사람들이 있다. 장비를 훔쳐간 욕심보다 우리를 더욱 지치게 하는 건, 경계 없이 파고드는 무례한 말들이다.

가장 흔한 질문은 이것이다.

"여기 집주인 어떻게 죽었어요?"

마치 동네에 새로 가게가 들어선 걸 구경하듯, 망설임도 없이 묻는다. 눈빛엔 애도나 안타까움이 아닌, 특별한 구경거리를 발견한 듯한 흥분이 서려 있다. 우리는 감정을 억누르고 기계적으로 대답한다.

"자세한 내용은 말씀드리기 어렵습니다."

그러면 곧바로 이어지는 질문.

"집은 누가 상속받아요?"

"집값은 얼마정도 나와요? 혹시 집 내놨대요?"

한 사람의 삶이 막 끝난 자리에서, 남겨진 가족의 슬픔은 안중에도 없는 이 질문들은 오직 자기들의 호기심을 채우려는 말들에 불과했다.

현장에서 이런 무례를 겪을 때마다 나는 오히려 사람을 대하는 법을 다시 배우게 된다. 무심코 던진 말이 얼마나 잔혹한 상처가 될 수 있는지 현장에서 생생하게 목격하기 때문이다. 죽음이라는 극단적 순간은 사람들의 민낯을 가장 적나라하게 드러낸다.

누군가의 마지막 삶의 공간을 구경거리처럼 소비하던 시선들을 마주한 날이면, 퇴근 후의 평범한 일상이 달리 보인다. 북적이는 식당, 스쳐 지나가는 이웃, 배달 음식을 건네는 라이더. 그 모든 관계 속에도 우리가 마땅히 지켜야 할 최소한의 '선'이 존재한다는 사실을 절실히 깨닫는다. 동시에, 그 선조차 보지 못하는 사람들이 있다는 현실도 외면할 수 없다. 그래서 현장에서 지치는 건 몸이 아니라 인간에 대한 실망감일 때가 많다.

그럼에도 우리가 이 일을 계속할 수 있는 건 절망만을 경험하는 게 아니기 때문이다. 무더운 여름날, "고생 많으십니다. 좋은 일 하시네요."라며 건네받은 시원한 물 한 잔의 온기, 내 가족의 일처럼 정리를 함께 도와준 이웃의 다정함이 있다. 결국 우리의 일은 수많은 얼굴 중 어떤 얼굴을 기억할 것인지 선택하는 과정일지 모른다. 우리는 절망 대신 희망을, 무례함 대신 존중을 기억하기로 한다. 그 다짐이 우리를 내일의 현장으로 향하게 하는 힘이 된다.

그러나 한편으로 잊지 않는다. 죽음을 구경거리로 소비하고, 애도 대신 궁금증을 앞세우는 태도가 얼마나 잔인한지를. 그것은 단순한 무례가 아니라, 여전히 우리 사회에 남아 있는 차갑고 냉정한 민낯이다. 죽음을 향한 그 무심한 시선이 바뀌지 않는다면, 죽음은 계속해서 존중받지 못한 채 방치될 것이다.

아홉 번의 시도

　한 신도시의 오피스텔. 고인의 딸로부터 유품 정리 의뢰가 들어왔다.
"아버지가 돌아가셔서요."
　수화기 너머의 목소리는 의외로 담담했다. 며칠 전 경찰로부터 바닷가 근처 차량 안에서 아버지가 발견되었다는 연락을 받았다고 했다. 아버지가 살던 오피스텔과 아버지가 발견된 차량, 이 두 곳을 정리해 달라는 사무적인 부탁이 이어졌다.

먼저 들어선 오피스텔에서 가장 먼저 눈에 들어온 것은 바닥이었다. 새 건물의 하얀 바닥에 군데군데 검고 동그란 그을음이 찍혀 있었다. 생활의 흔적이라 보기 어려운, 둥글고 또렷한 자국. 하나, 둘… 아홉. 방 안에는 아홉 개의 검은 원이 지워지지 않는 낙인처럼 남아 있었다. 번개탄을 피웠던 자리였다.

모두의 표정이 굳어졌다.

'한 번도 해선 안 될 일을 아홉 번이나….'

믿기 어려운 마음에 우리는 일하던 손을 놓고 종종 숨을 고를 수밖에 없었다. 그 자국들은 단순한 실패의 흔적이 아니었다. 마치 헤어나올 수 없는 블랙홀처럼, 오랫동안 고인을 끌어당기던 고통의 무게를 고스란히 증언하고 있었다.

정리를 마친 뒤, 현장에 오지 않은 의뢰인에게 전화를 걸어 상황을 알렸다. 수화기 너머로 긴 침묵이 이어졌다. 한참 후 떨리는 목소리가 흘러나왔다.

"아홉… 번이요…?"

평소 교류가 거의 없었다는 딸은 충격을 받은 듯 말을 잇지 못했다.

다음 현장인 바닷가로 향하는 길 내내 차 안은 무거운 정적에 잠겼다. 아홉 번이나 삶의 끈을 놓으려 했던 사람이 마지막으로 택한 장소로 가는 길. 도시의 답답한 오피스텔을 떠나 도달한 끝은 바다였다. 창밖에 펼쳐진 파란 바다는 그날따라 유난히 낯설고 차갑게만 느껴졌다.

내비게이션이 안내한 곳은 인적이 드문 외진 언덕이었다. 파도 소리와 바람 소리만이 가득한 길 끝에, 고인의 차량이 바다를 향해 고요히 멈춰 서 있었다.

차 안에 남겨진 흔적들은 오피스텔에서 본 혼란과는 정반대로 놀랄 만큼 치밀하고 단정했다. 조수석 바닥에는 타다 남은 번개탄 흔적이 있었지만, 그 아래에는 두꺼운 고무 깔판이 받쳐져 있었다. 빌린 차량이 더럽혀지거나 훼손되는 것을 막기 위한 장치였다. 자신의 마지막 순간에조차 타인에게 폐를 끼치지 않으려 했던 그 의지 앞에서 형용하기 어려운 감정이 밀려왔다.

현장에서 발견된 잘린 고무 깔판

아홉 개의 검은 자국과 언덕 위의 고요한 차량은, 한 사람이 겪어야 했던 고통이 얼마나 길고 깊었는지를 보여주고 있었다. 끝내 헤어나오지 못한 외로운 시간의 결말이었다. 그래서 현장을 떠나는 발걸음이 더욱 무거웠다.

아홉 번의 시도와 마지막 선택은 극적인 서사도, 숭고한 결단도 아니었다. 그저 오랜 고통이 한 인간을 끝까지 몰아붙인 흔적일 뿐이었다. 우리는 흔적을 정리했지만, 그 안에 담긴 고통까지 치울 수는 없었다. 죽음의 현장에서 오늘도 스스로에게 묻는다. 살아 있는 이들의 곁에서 내가 무엇을 더 살필 수 있을까. 벼랑 끝에 내몰린 그들 앞에서 내가 어떤 말을 건넬 수 있을까.

그리고 다시 다짐한다. 아홉 번의 시도 끝에 멈춘 삶을 헛되이 기억하지 않겠다고. 남겨진 우리가 그 흔적을 바라보는 이유는 단지 죽음을 목격하기 위해서가 아니다. 여전히 살아 있는 이들이 같은 어둠 속에 빠지지 않도록 손을 내밀기 위함이다. 비록 세상은 종종 잔인하고, 삶은 감당하기 어려울 만큼 무겁지만, 동시에 또 다른 하루를 열어 갈 힘도 우리 곁에 존재한다. 언젠가 누군가의 아홉 번의 시도 앞에, 단 한 번의 따뜻한 손길이 다가와 새로운 아침을 열어줄 수 있기를 나는 믿고 싶다.

"이 정도면 뭐, 별거 아니죠?"

"중증장애인 어머니와 세 남매가 사는 주택입니다."

아침저녁으로 바람이 차가워지던 어느 날, 군청 복지과에서 걸려온 전화였다. 위기에 처한 가족이 사는 '쓰레기 집'을 정리해 달라는 요청이었다. 이미 3년 차를 맞은 우리는 수없이 많은 저장강박 현장을 경험해왔기에, 이번 역시 익숙한 풍경일 거라 짐작하며 현장으로 향했다.

하지만 집에 가까워질수록 짐작은 흔들리기 시작했다. 마당 한쪽에 위태롭게 세워진 낡은 천막이 보였기 때문이다. '왜 집 앞에 텐트가…?' 의문이 스쳤고, 곧 알 수 없는 불안이 몰려왔다.

마당에 들어서자, 숨이 턱 막히는 광경이 펼쳐졌다. 발 디딜 틈조차 없는 쓰레기 더미가 산처럼 쌓여 있었고, 부서진 가전제품과 겹겹의 옷가지, 오래된 생활도구들이 거대한 장벽처럼 가로막고 있었다. 그 장벽은 현관을 완전히 봉쇄해, 집 자체가 스스로를 가둔 듯 보였다.

멀리서부터 보였던 천막은 결국 어머니의 임시 거처였다. 집 안은 이미 생활이 불가능하였고 몸을 누일 공간조차 없어 텐트에서 버틸 수밖에 없었던 것이다. 그러나 그곳마저도 온갖 쓰레기와 악취에 잠식돼 있었다. 주민들조차 발길을 끊게 만든 악취는 마당 전체를 짓눌렀다.

심호흡을 고르고 현관을 열자, 안에서 갇혀 있던 개와 고양이 몇 마리가 튀어나왔다. 녀석들은 한 줄기 빛을 향해 곧장 달려나가더니 금세 시야에서 사라졌다. 그 순간, 가슴이 철렁 내려앉았다. 문틈 사이로 들여다본 집 안은 현관 앞까지 쓰레기가 밀려들어 홍수처럼 집 전체를 잠식하고 있었다. 그 악취는 마당보다 훨씬 더 강했고, 함께 있던 동료 중 몇몇은 들어서기도 전에 고개를 돌리며 구역질을 참아야 했다.

화장실은 더 끔찍했다. 변기와 세면대는 쓰레기 속에 파묻혀 있었고, 바닥에는 방치된 배설물이 굳어 층층이 쌓여 있었다. 물은 오래전에 끊겼으며, 벽면 가득 퍼진 곰팡이는 무늬처럼 번져 있었다. 주방 냉장고에는 검게 변한 음식물과 곰팡이뿐이었고, 한쪽 벽에는 다슬기가 들러붙어 있었다. 가정집이라 믿기 힘든 기묘하고 불쾌한 풍경이었다. 우리의 부스럭거림이 거슬렸는지 식탁 아래에서는 쥐 한 마리가 튀어나오기도 했다.

거실 끝에 자리한 딸들의 방은 더 충격적이었다. 똑같은 로고가 찍힌 치킨 봉투 수백 개가 벽처럼 층층이 쌓여 있었다. 그것은 단순한 쓰레기가 아니라, 이 가족의 현실과 절망을 고스란히 보여주는 증거였다.

정리 중 촬영한 쓰레기 더미

일주일 넘게 이어진 작업은 매 순간이 사투였다. 그러나 우리를 가장 힘들게 한 것은 먼지와 악취가 아니었다. 작업 내내 마주해야 했던 동네 주민들의 날 선 시선이었다. 그들에게 이 집은 이미 '문제 가족'으로 낙인찍혀 있었고, 우리는 그 낙인의 잔해 속에서 일하는 사람으로 취급되었다. 이 가족에게 쌓여있던 불만과 분노는 고스란히 우리에게 향했고, 그 앞에서 한 가정이 어떻게 일상을 잃고 사회로부터 고립되는지 생생히 체감할 수밖에 없었다.

아이러니는 또 있었다. 썩어가는 쓰레기 더미 사이에서 포장조차 뜯지 않은 최신형 노트북과 태블릿이 발견된 것이다. 복지 물품으로 지원받은 것들이었다. 그러나 그것들은 아무런 역할을 하지 못한 채 쓰레기와 다름없는 운명을 맞고 있었다. 이 가족의 문제와 사회의 지원 방식이 얼마나 복잡하게 왜곡되어 있는지를 적나라하게 보여주는 풍경이었다.

작업 도중 현장을 확인하러 온 한 공무원이 무심코 내뱉은 말이 지금도 잊히지 않는다.

"이 정도면 뭐, 별거 아니죠?"

그 말에는 악의가 없었다. 하지만 그는 집 안의 악취를 맡지 않았고, 천장까지 치솟은 쓰레기 산을 보지 않았으며, 마당 텐트에서 몸을 누이던 어머니의 삶을 보지 않았다. 무엇보다 이 가족이 어떤 절망 속에서 이곳을 버텨왔는지를 전혀 짐작하지 못했다. 우리는 단호히 말했다.

"이토록 심각한 현장은 처음입니다."

그러나 역설적으로, 그 말은 우리의 일을 다시 돌아보게 했다. 쓰레기를 치운다고 끝나는 게 아니었다. 복지란 단순히 물건을 지급하는 것이 아니라, 살아가기 위한 조건을 되묻고, 무너진 관계를 회복시키는 과정이어야 했다. 그래서 우리는 담당 공무원과 심리 상담, 정신과 치료, 지역 커뮤니티와의 연결이 반드시 필요하다는 이야기를 나누었다.

정리가 끝난 뒤에도 이 현장은 오래 기억되었다. "그때 그 집에 비하면 아무것도 아니네."라는 말과 함께, "근데 그분들 잘 지내실까?" 하는 걱정이 늘 따라다녔다.

쓰레기를 비워낸 뒤 방의 모습

몇 달 후 담당 공무원에게 걸려온 전화는 그래서 더욱 반가웠다. 막내가 취업했고, 어머니와 다른 남매도 심리 치료를 받으며 일상을 회복해가고 있다는 소식이었다. 현장을 떠난 뒤에도 남아 있던 불안이 비로소 풀어졌다. 정리가 누군가의 삶을 새롭게 여는 힘이 될 수 있음을, 그때 절실히 배웠다.

이제 돌아보면 우리의 일은 끝이 아니라 시작을 위한 과정이다. '역대급 쓰레기집'이라 불렸던 현장을 정리하며, 우리가 마련한 것은 단순한 공간이 아니라 한 가족이 서로를 다시 마주하고 사회가 그들을 품을 수 있는 여백이었다. 우리의 손길이 누군가의 삶을 다시 살아갈 발판이 된다면 그것으로 충분하다. 그래서 우리는 새로운 현장에 들어설 때마다 마음속으로 다짐한다.

"이곳은 누군가의 회복을 위한 출발선이다. 우리는 그 출발을 함께 열어가는 사람들이다."

익숙해져서는 안 되는 일

 고독사 현장 청소 의뢰는 경찰 수사와 장례 절차가 모두 끝난 뒤에야 우리에게 주어진다. 그래서 마지막 순간을 직접 목격하거나 시신을 수습하는 일은 없다. 그럼에도 고독사한 고인의 흔적을 지우는 일은 여전히 버겁다. 5년 차에 접어든 나조차 익숙하다 말할 순 없었다. 충격에 휘청이지는 않지만, 늘 마음 한쪽이 무겁게 짓눌린다.

 그날도 의뢰 전화가 울렸다. 목적지는 구미 인근의 원

룸. 낡은 주택가 골목에 비슷비슷한 건물들이 줄지어 있었다. 현장은 보통 남자 직원들이 투입되기에 사무를 맡던 정은이는 좀처럼 동행할 일이 없었다. 하지만 이번에는 출장 일정이 겹친 탓도 있었고, 직접 보고 싶다기에 함께 차에 올랐다.

"현장에 들어가면 냄새가 심할 거야. 괜찮겠어?" 내가 묻자 정은이는 짧게 대답했다.
"네. 한 번은 직접 봐야 할 것 같아요."

팀원들은 차에서 장비와 쓰레기 봉투를 내리고, 내가 먼저 올라가 현장을 확인하기로 했다. 문을 열자마자 그 냄새가 퍼졌다. 본능적으로 고개를 젖히고 손으로 코와 입을 막았지만 소용없었다. 글로도, 말로도 표현할 수 없는 죽음의 냄새였다. 급히 마스크를 눌러 쓰며 뒤따라오던 팀원들에게 소리쳤다.

"오늘은 무조건 방독마스크 쓰고 들어가야 해!"

방 안은 겉보기에 평범했다. 작은 침대, 행거에 걸린 옷 몇 벌, 오래된 텔레비전. 그러나 책꽂이에 꽂힌 취업 서적들과 벽 가득 붙은 메모지가 마음을 무겁게 했다. '이력서 마감', '면접 준비', '포기하지 말자.' 삶의 의지가 고스란히 남아 있었지만, 그 외침은 이미 메아리 없는 울림이 되고 말았다.

강렬한 냄새의 근원은 닫힌 화장실이었다. 문고리를 잡는 순간조차 주저할 만큼 불길한 기운이 스며 나왔다. 고인은 그 안에서 한 달 넘게 방치된 채 발견되었다 했다. 우리는 방 정리를 마친 뒤 마지막으로 화장실 앞에 섰다. 정은이가 창백한 얼굴로 중얼거렸다.

"제가 열게요."

용기라기보다 이 지독한 시간을 끝내고 싶은 오기처럼 들렸다. 이미 몇 번이나 구토를 참아내던 그녀를 우리는 만류했다.

"정은아, 네가 할 일이 아니야. 나가서 쉬어."

그러나 우리의 만류보다 빠르게, 그녀는 문을 열어젖혔다.

화장실 안은 상상을 훌쩍 뛰어넘는 참혹함이었다. 변색된 벽과 바닥, 지워지지 않는 흔적, 꿈틀대는 구더기와 날아오르는 파리 떼. 예상했지만 실제는 훨씬 잔혹했다. 정은이는 짧은 비명을 지르며 현관 밖으로 달려 나갔고, 옆에 있던 봉수와 희창이 역시 굳은 채 흔들리는 눈빛으로 서 있었다. 나는 계단에 주저앉아 숨을 몰아쉬는 정은이를 다독인 뒤, 다시 현장으로 돌아왔다. 누군가는 이 일을 끝내야 했기 때문이다.

몇 시간에 걸친 소독과 청소 끝에 밖으로 나오자 집주인과 이웃들이 우리를 기다리고 있었다. 드디어 창문을 열 수 있다며 연신 고마움을 전했다. 그제야 고인에 대한 단편적인 이야기를 들을 수 있었다. 그는 이십대 중반의 청년이었다.

"내가 이 건물에서 10년 살았는데, 저 학생은 딱 한 번 본 것 같아요. 너무 조용해서 있는지도 몰랐지."

이웃의 말은 잔인한 사실을 드러냈다. 그는 이웃과 단절된 채 조용히 살다가, 세상을 떠난 지 한 달이 지나서야 냄새로 알려졌다.

전에도 고독사 관련 뉴스를 접한 적이 있었다.
"어떻게 사람이 한 달이나 안 보이는데 아무도 모를 수가 있지?"
그때의 나는 주변 이웃의 무심함이나 친구들의 무관심을 탓하기 바빴고, 그 이상 깊게 생각하지는 않았다. 내 삶과는 거리가 먼, 결코 내 주변에서는 일어나지 않을 일로만 여겼다. 그러나 막상 눈앞에서 그런 비극을 마주하자, 살아간다는 것의 무게를 다시금 생각했다. 한창 꿈을 꾸며 살아가야 할 청년이 아무도 모르게 세상을 등졌고, 사회가 그 사실조차 알지 못했다는 현실은 믿기 힘들 만큼 비현실적으로 다가왔다.

차로 돌아오는 길, 정은이가 조심스럽게 물었다.
"이 일에 익숙해질 수… 있을까요?"
차 안은 잠시 정적에 잠겼다. 누구도 쉽게 대답하지 못했다. 결국 봉수가 운전대를 잡은 채 조용히 말했다.

"익숙해지면 안 되는 거 아닐까. 누군가의 죽음에 무뎌진다는 건 애초에 불가능한 것 같아."

그 말에 모두의 고개가 끄덕여졌다.

세상에 있는 많은 직업은 익숙해질수록 프로라 불린다. 그러나 우리의 일은 다르다. 고통에 무뎌지는 것이 능숙함이 될 수 없다. 끔찍한 냄새와 참혹한 광경에 태연해지는 것을 '프로다움'이라 말할 수 있을까?

오늘 처음 현장에 나온 정은이가 느낀 충격과 공포. 어쩌면 그것이야말로 우리가 절대 잃어서는 안될 가장 중요한 감각일지도 모른다. 익숙해져서는 안 된다. 우리의 숙련이란, 끔찍한 현실 앞에서도 무너지지 않고 끝까지 인간으로서의 예의를 다하는 힘이어야 한다.

불길 속에서 우리가 지켜낸 것들

　2025년 3월 22일. 경북 의성에서 시작된 작은 불씨 하나가 삽시간에 경북 전역을 집어삼켰다. 성묘객의 부주의로 튄 불씨는 마른 날씨와 초속 27.6m를 넘는 강풍, 그리고 봄철 특유의 돌풍을 타고 거대한 화염으로 번져갔다. 의성에서 시작된 불길은 안동과 청송, 영양, 영덕 등지로 끝없이 번졌고, 산림청과 소방청, 군, 지방자치단체가 총력으로 대응했으나 진화는 쉽지 않았다. 결과는 참혹했다.

서울 면적의 1.6배에 달하는 9만여 헥타르의 산림이 소실되었고, 피해액은 1조 1,306억 원에 달했다. 주택과 공장, 창고 등 5천여 곳이 불에 탔으며, 6천 명이 넘는 이재민과 30명의 희생자가 발생했다. 대한민국 역사상 최악의 산불로 기록된 재난이었다.

그 무렵 나는 안동에서 현장을 돌보던 중이었다. 의성에서 불이 났다는 소식이 전해진 지 얼마 되지 않아 안동 하늘 위에도 시커먼 연기가 드리워졌다. 코끝을 찌르는 매캐한 냄새가 바람결에 스며들었고, 휴대폰으로는 재난문자가 연달아 울렸다. 하지만 사람 마음이란 늘 그렇듯, "금방 불길 잡히겠지" 하는 안일한 생각을 하며 우리의 일을 이어갔다. 그러던 중 눈앞을 멎게 만드는 알림 문자가 도착했다. 부모님이 계신 마을로 불길이 번지고 있으니 즉시 대피하라는 내용이었다.

전화를 걸었으나 두 분 모두 받지 않으셨다. 가슴이 철렁 내려앉은 나는 곧장 차를 몰아 마을로 달렸다. 반대편

친구들에게 전달받은 산불 당시 인근 마을 상황 사진

집으로 가던 길의 상황

차선에는 이미 대피 차량들이 줄지어 빠져나오고 있었고, 그 광경을 보는 순간 비로소 사태의 심각성이 온몸을 덮쳤다. 마을에 도착했을 때, 불길은 아직 산등성이를 넘어오지 않았지만 마당에서는 아찔한 광경이 펼쳐지고 있었다. 부모님이 호스와 청소용 고압세척기를 꺼내 마당과 외벽에 물을 뿌리고 계셨던 것이다.

"대피하라는데 여기서 뭐 하세요!"
공포와 안도가 뒤섞인 고함이 저절로 터져 나왔다. 두 분을 강제로 차에 태워 시내로 모셨지만, 차 안에서도 부모님은 집이 불길에 삼켜질까 발을 동동 구르셨다. 결국 나는 부모님의 간절한 눈빛에 못 이겨 다시 혼자 집으로 돌아왔다.

마당에서 홀로 물을 뿌리며 버티던 그 순간, 현장 소식을 들은 팀원들이 흙먼지를 뒤집어쓴 채 달려왔다. "뭐 하러 왔어! 위험하니까 돌아가!" 퉁명스럽게 소리쳤지만, 가슴 깊은 곳에서는 뜨겁게 치밀어 오르는 무언가가 있었다. 그렇게 우리는 이틀 밤낮을 번갈아가며 마을을 지켰다. 물통을 들고 달리며 담벼락과 지붕 위로 물을 뿌렸고, 서로의 등을 의지하며 불길과 맞섰다.

안동은 고령 인구 비율이 전국 평균보다 8%나 높은 지역이다. 골목을 누비며 마주한 현실은 더욱 참담했다. 평생 살아온 집을 두고 떠날 수 없다며 고집을 부리는 어르신, 거동이 불편해 홀로 대피하지 못하는 노인, 이미 체념한 듯 집 앞에 앉아 불길을 바라보는 이들까지.

우리는 마을을 뛰어다니며 남아 있는 분들을 확인하고, 일부는 마을회관으로 모셨으며, 환자처럼 보이는 분들은 차에 태워 시내까지 옮겼다. 그러면서도 혹시 불길이 닿을까 두려워 이웃집을 돌며 연신 물을 사방에 뿌렸다.

불길이 잡힌 뒤에도 상처는 쉽게 지워지지 않았다. 집과 공장이 잿더미로 변했고, 타다 남은 벽과 검게 그을린 잔해는 사람들의 마음까지 재로 만들어버렸다. 그 후로 6개월 동안 우리는 화재 청소 의뢰를 꾸준히 받아왔다. 불길을 가까스로 피한 집이든, 모든 것을 잃은 집이든 마찬가지였다. 우리는 잿더미 속으로 들어가 남은 물건을 추리고, 벽에 달라붙은 그을음을 닦아내며, 다시 생활할 수 있는 최소한의 공간을 만들어주었다.

 돌아보면, 그 재난 속에서 내가 하는 일의 의미를 새삼 깨달았다. 처음 안동에서 사업을 시작할 때는 단순히 '고향이니까'라는 이유 하나뿐이었다. 그러나 내 가족과 이웃, 그리고 고향을 지켜내며 알게 되었다. 우리가 하는 일은 단순히 집을 정리하고 물건을 치우는 일이 아니라는 것을. 잿더미가 된 집 앞에서 한숨 짓는 어르신의 어깨를 붙잡아주는 일, 불길에 삶의 터전을 잃은 이들에게 다시 살아갈 작은 여백을 만들어주는 일. 그것이야말로 유품정리사로서 우리가 존재해야 할 이유였다.

 우리는 집을 지키고, 동네 주민들을 대피시키고, 마을을 함께 지켜냈다. 불길 속에서 우리가 지켜낸 것은 단순한 건물이 아니라, 서로를 향한 신뢰와 이웃을 보듬으려는 마음이었다. 누군가의 마지막을 정리하는 손길이 때로는 삶을 이어가는 손길이 되듯, 화마 속에서 우리가 한 일도 결국은 누군가의 내일을 지켜내는 일이었다.

정리한다는 것은 단순히 흔적을 지우는 일이 아니라, 삶과 죽음, 그리고 사람과 사람 사이의 끊어지지 않는 연결을 다시 세우는 일이라는 것을 오늘도 배운다. 그리고 그것이야말로 우리가 이 일을 계속해야 하는 이유이자, 감히 자부심이라 부를 수 있는 이유다.

에필로그
우리는 무엇을 남기고 떠날까

 누군가의 삶이 책이라면, 우리는 그 마지막 장을 덮는 사람들이다. 세상의 모든 소음이 사라진 공간에서, 주인을 잃은 물건들이 내는 침묵 속에서 우리는 조용히 그들의 인생을 읽어간다. 수많은 현장 속에서 유독 지워지지 않는 순간들이 있다.

 이 책을 마무리하며, 유품정리사로서 우리가 기억 속에 오래 남긴 장면들을 꺼내어 나누고자 한다.

상문의 이야기

 5년 넘게 이 일을 하면서도 내 머릿속에 가장 선명히 남아 있는 장면은 쓰레기집들이다. 그 집들을 마주할 때마다 가장 먼저 겹쳐 보이는 건 다름 아닌 내 집이었다. 폐허처럼 변해버린 집을 처음 마주했을 때의 충격, 그보다 더 아팠던 건 가족 간의 불화와 무관심이었다. 어디서부터 손을 대야 할지 몰라 방황했지만, 결국 마주하지 않고는 살아갈 수 없었다. 치우지 않고는 다시 시작할 수 없었기 때문이다.

그 일을 겪고 난 뒤 나는 깨달았다. 집을 치운다는 건 단순히 지저분한 공간을 정리하는 일이 아니라, 무너진 마음과 관계를 회복하는 과정이라는 것을. 내 집을 정리하면서 얻은 이 깨달음이 결국 나를 유품정리사의 길로 이끌었다.

그래서일까. 특히 중증 질환을 앓던 어머니와 함께 살던 세 남매의 집이 잊히지 않는다. 사람은커녕 동물조차 버티기 힘든 환경에서 하루하루를 버티던 그들이, 정리 이후 일상생활을 조금씩 되찾았다는 소식을 들었을 때의 감격은 말로 표현하기 어려웠다. 내 손길이 누군가의 삶을 변화시킬 수 있다는 보람이, 지금도 나를 이 길 위에 서 있게 한다.

봉수의 이야기

한때 고독한 솔로남이었던 내가 두 딸의 아버지가 되었다. 유품을 정리하는 일이 내 삶의 전환점이었다면, 가족을 얻은 경험은 내 인생의 두 번째 전환점이었다. 그 변화는 현장을 바라보는 내 시선도 완전히 바꿔놓았다.

중학생 또래의 상주를 마주했을 때는 아버지로서 마음이 무너졌다. 그 어린 나이에 감당해야 했을 무게가 내 가슴에 그대로 와 닿았기 때문이다. 그리고 남편과 아이를 두고 홀로 세상을 등져야 했던 한 여성의 집도 한동안 기억에 남았다. 가족에게 "미안하다"는 말만 남기고 떠난 흔적 앞에서 나는 고개를 떨굴 수밖에 없었다. 반대로 회목한 가족의 집을 정리할 때면 물건마다 배어 있는 따뜻한 기운이 전해져 오히려 내가 위로를 받는다. 책장 속 사진첩, 손때 묻은 그릇, 편지 한 장이 남은 이들에게는 슬픔과 그리움이지만, 내게는 삶의 또 다른 가능성을 일깨워주는 증거였다.

유품정리를 처음 시작했을 때는 오직 '나 자신'만을 생각했다. 그러나 이제는 내 가족과 어떤 시간을 만들어갈지, 그들에게 어떤 삶을 남겨줄지를 고민하며 이 일을 계속하고 있다.

희창의 이야기

나는 내 감정에 무딘한 사람이었다. 10년 넘게 사회생활을 하면서도 내가 무엇에 힘들어하고 불편해하는지 한 번도 자문해본 적이 없었다. 그러다 공황장애를 겪으면서 처음으로 내 마음을 들여다보게 되었고, 세상을 바라보는 눈도 달라졌다. 나를 이해해야 다른 사람도 품을 수 있다는 사실을 알게 된 것이다.

그래서 나는 현장에서 사람들을 만나는 매 순간이 오래 남는다. 의뢰인이 버리겠다던 낡은 앨범 속에서 어린 시절 사진을 발견했을 때, 사진을 넘기던 유족이 울다가 결국 웃으며 "이건 못 버리겠네요"라고 말하던 순간, 그 표정이 내 마음속에 깊이 새겨졌다.

또 다른 현장에서는 의뢰인과 함께 먼지를 뒤집어쓰며 정리를 하다가 어느새 농담을 주고받으며 웃었던 기억도 있다. 힘겨운 현장이지만 그 웃음 이 의뢰인에게는 잠시나마 위로가 되었고, 나에게는 이 일을 계속할 이유가 되었다.

유품정리사는 돈을 많이 벌 수 있는 직업도 아니고, 사회적으로 크게 인정받는 일도 아니다. 그러나 내게는 그 어떤 직업보다 소중하고 자랑스럽다. 사람들과 함께 울고 웃으며 배운 것들이 내 삶을 지탱해주는 힘이 되기 때문이다.

정은의 이야기

나는 현장에 자주 가지 않는다. 처음 따라갔던 한 번의 경험 이후, 솔직히 두려움도 생겼다. 그래서 내 역할은 주로 팀원들의 경험을 기록하고 세상과 나누는 일이었다. 이번 책 작업 역시 그 연장선에 있다.

처음에는 단순히 콘텐츠를 기록하는 일이라고 생각했지만, 팀원들의 이야기를 가까이서 들으며 깨달았다. 이

기록은 단순한 메모가 아니라, 겪어보지 않고는 알 수 없는 생생한 현실과 감정을 담아내는 또 하나의 현장이었다. 현장을 치우는 사람이 있다면, 그 이야기를 세상에 전하는 사람도 필요하다는 사실을 뼈저리게 느꼈다.

물론 이 일은 '힘들고, 더럽고, 위험하다'는 3D 업종의 이미지를 벗어나기 어렵다. 하지만 그 속에는 누구도 대신할 수 없는 가치와 의미가 있다. 슬픈 사연만 있는 것도 아니다. 평화롭게 삶을 마무리한 분들의 흔적 역시 적지 않게 마주한다. 그 모든 장면이 결국은 한 사람의 삶이고, 또 하나의 작별이다.

마무리하며

우리가 바라는 건 거창하지 않다. 독자들이 이 책을 읽으며 삶과 죽음이 이토록 가까이 있다는 사실을 느끼고, 스스로와 주변을 조금 더 소중히 여기며 살아가기를 바랄 뿐이다. 어쩌면 뻔한 말 같지만, 우리가 현장에서 날마다 확인하는 진실이 바로 그것이다.

이 책을 읽으며 각기 다른 삶과 죽음이 담긴 에피소드를 접하다 보면, 누군가는 마음이 아프고 또 누군가는 내 일처럼 느껴질지도 모른다. 우리 네 사람도 저마다 다른 인생을 살아왔기에 같은 현장을 마주해도 느끼는 감정은 달랐다. 그럼에도 결국 하나의 질문으로 모인다.

우리는 무엇을 남기고 떠날까.

삶의 모습이 점점 더 다양해지는 이 시대 속에서, 타인의 삶과 죽음을 가까이에서 경험하는 우리조차 쉽게 답을 내리기 어려운 문제다. 하지만 다양한 현장을 마주하며 배운 건 분명하다. 사람을 오래도록 기억하게 만드는 것은 통장 잔고도, 화려한 경력도 아니었다. 아주 작고 사소한 기억들, 그 소박한 흔적들이 남은 이들의 마음속 깊이 새겨졌다. 우리는 그 마음을 정리하고 담아내는 유품정리사들이다. 그리고 이제, 책을 덮는 당신에게 묻고 싶다.

당신은 무엇을 남기고 떠나겠습니까?

언박싱 라이프

초판 1쇄 2025년 11월 1일

발행일 2025년 11월 1일
지은이 황상문, 이정은
펴낸이 최현희
펴낸곳 샵북
편집 권민진
디자인 이근공
인쇄 삼진커뮤니케이션즈

출판등록 2021년 2월 2일 제25100-2021-000009호
주소 서울시 중구 마른내로 10길12, 삼진빌딩 3층
홈페이지 www.samzine.co.kr
이메일 master@samzine.co.kr
전화번호 02-6272-6825

ⓒ 샵북, 2025
ISBN 979-11-94421-15-3

※ 잘못된 책은 구입한 곳에서 교환해드립니다.
※ 가격은 뒷표지에 있습니다.